COMPLEXIDADE E CONTRADIÇÃO EM ARQUITETURA

COMPLEXIDADE E CONTRADIÇÃO EM ARQUITETURA

Robert Venturi

Tradução Álvaro Cabral

wmf **martinsfontes**

Esta obra foi publicada originalmente em inglês com o título
COMPLEXITY AND CONTRADICTION IN ARCHITECTURE
por The Museum of Modern Art, Nova York, em 1966.

1ª edição *1995*
3ª edição *2020*

Tradução
ÁLVARO CABRAL

Revisão técnica
Arquiteto Mario Mauá Chaves Ferreira
Revisão da tradução
Carlos Eduardo Silveira Matos
Revisão
Silvana Cobucci Leite
Ana Maria de Oliveira Mendes Barbosa
Produção gráfica
Geraldo Alves
Digitalização
Studio 3 Desenvolvimento Editorial

Dados Internacionais de Catalogação na Publicação (CIP)
(Câmara Brasileira do Livro, SP, Brasil)

Venturi, Robert, 1925-2018.
Complexidade e contradição em arquitetura / Robert Venturi ; tradução Álvaro Cabral. – 3ª ed. – São Paulo : Editora WMF Martins Fontes, 2020. – (Coleção mundo da arte)

Título original: Complexity and contradiction in architecture.
ISBN 978-85-7827-990-5

1. Arquitetura 2. Arquitetura moderna – Século 20 3. Arquitetura – Teoria I. Título II. Série.

20-48871 CDD-720.1

Índices para catálogo sistemático:
1. Arquitetura : Fundamentos teóricos 720.1

Cibele Maria Dias – Bibliotecária – CRB-8/9427

Editora WMF Martins Fontes Ltda.
Rua Prof. Laerte Ramos de Carvalho, 133 01325-030 São Paulo SP Brasil
Tel. (11) 3293-8150 e-mail: info@wmfmartinsfontes.com.br
http://www.wmfmartinsfontes.com.br

Índice

À memória de minha mãe e meu pai.

Agradecimentos

A maior parte deste livro foi escrita em 1962, graças a um subsídio concedido pela Fundação Graham. Também estou grato à Academia Americana em Roma, pela bolsa de estudos que, dez anos atrás, me permitiu viver na Itália.

Tive a ajuda das seguintes pessoas: Vincent Scully, mediante suas apreciações e críticas decisivas, quando realmente precisei delas; Marian Scully, por sua habilidade, paciência e compreensão para tornar o texto mais claro; Philip Finkelpearl, por suas conversas ao longo dos anos; Denise Scott Brown, por me fazer partícipe de seus *insights* em arquitetura e urbanismo; Robert Stern, devido ao enriquecimento concreto da argumentação; à Sra. Henry Ottmann e à Srta. Ellen Marsh, do quadro do Museum of Modern Art, por sua cooperação na coleta de ilustrações.

R.V.

Palavras prévias

Este notável estudo é o primeiro de uma série de obras interessadas em analisar os fundamentos teóricos da arquitetura moderna. A série distingue-se de outras publicações do Museu sobre arquitetura e *design* porque será independente do programa de exposições do Museu. Explorará idéias demasiado complexas para apresentação no formato de exposição, e seus autores não representarão um único grupo profissional específico.

O livro de Robert Venturi é publicado pelo Museu em colaboração com a Fundação Graham para Estudos Avançados em Belas-Artes. Trata-se de um volume particularmente adequado para inaugurar a série, uma vez que o autor foi inicialmente habilitado a trabalhar no texto graças à ajuda de uma bolsa da Fundação Graham.

Tal como seus edifícios, o livro de Venturi opõe-se ao que muitos considerariam as opiniões do *Establishment* ou, pelo menos, opiniões institucionalizadas. Ele fala com franqueza incomum, visando condições concretas: os "fatos" ambíguos e, por vezes, nada atraentes em que os arquitetos se vêem envolvidos a cada momento, cuja natureza confusa Venturi gostaria de converter na base do projeto arquitetural. É um ponto de vista alternativo vigorosamente defendido por Vincent Scully, da Universidade de Yale, cuja introdução contrasta as frustrações da ordem arquitetural abstratamente preconcebida com o deleite de Venturi na realidade — especialmente naqueles aspectos recalcitrantes que a maioria dos arquitetos desejaria suprimir ou disfarçar. As recomendações de Venturi podem ser testadas imediatamente: não precisam esperar por legislação ou tecnologia. Os problemas em arquitetura que ele procura suplantar estão tão longe de ser resolvidos que, concordemos ou não com os resultados apresentados pelo autor, sentimo-nos impelidos a prestar-lhe grande atenção.

ARTHUR DREXLER
Diretor do
Departamento de Arquitetura e Design
The Museum of Modern Arts

Introdução

Este não é um livro fácil. Requer prática profissional e rigorosa atenção visual e não é para aqueles arquitetos que arrancam os olhos com medo de que estes os ofendam. Com efeito, seu argumento desenrola-se como uma cortina que lentamente é erguida diante dos olhos. Peça por peça, em sucessivas e precisas focalizações, o todo emerge. E esse todo é novo — difícil de ver, difícil de ser descrito, desgracioso e inarticulado como só o novo pode ser.

É um livro muito americano, rigorosamente pluralista e fenomenológico em seu método; faz lembrar Dreiser, avançando laboriosamente em seu caminho. Entretanto, é provavelmente o mais importante livro escrito sobre criação e produção de arquitetura desde *Vers une Architecture*, de Le Corbusier, de 1923. Na verdade, a posição de Venturi parece ser, à primeira vista, exatamente o oposto da de Le Corbusier, seu primeiro e natural complemento através do tempo*. Isso não quer dizer que Venturi se iguale a Le Corbusier em capacidade de persuasão ou realização

* Não estou esquecendo aqui o livro de Bruno Zevi, *Towards an Organic Architecture*, de 1950, deliberadamente escrito como resposta a Le Corbusier. Não se pode, porém, considerá-lo um complemento ou um avanço em relação a seu precedente, porquanto foi pouco mais do que uma reação contra ele e a favor de princípios "orgânicos" que tinham sido formulados por outros arquitetos, não pelo próprio Zevi, e que na verdade já tinham passado havia muito tempo de seu apogeu de vitalidade. Tinham encontrado sua melhor consubstanciação na obra de Frank Lloyd Wright, antes de 1914, e sua mais clara formulação verbal em seus escritos desse período.

— ou que isso tenha algum dia que acontecer necessariamente. Poucos atingirão de novo esse nível. A experiência dos próprios edifícios de Le Corbusier certamente não teve pouco a ver com a formação das idéias de Venturi. Entretanto, suas opiniões contrapõem-se, de fato, às de Le Corbusier, tal como foram expressas em seus primeiros escritos, opiniões que afetaram, de modo geral, duas gerações de arquitetos desde essa época. O livro de Le Corbusier exigia um nobre purismo em arquitetura, em edifícios considerados individualmente e na cidade como um todo; este livro, por sua vez, acolhe todas as contradições e complexidades da experiência urbana em todas as escalas. Marca, portanto, uma completa mudança de ênfase e incomodará alguns daqueles que ora professam ser incondicionais seguidores de Le Corbusier, exatamente como Le Corbusier enfureceu muitos daqueles que então eram seguidores incondicionais das Belas-Artes. Por conseguinte, os livros complementam-se, de fato; e, sob um aspecto fundamental, são deveras semelhantes. Ambos são escritos por arquitetos que realmente aprenderam algo da arquitetura do passado. Poucos arquitetos contemporâneos foram capazes de fazer isso e preferiram refugiar-se em vários sistemas do que só pode ser licitamente chamado de propaganda histórica. Para Le Corbusier e Venturi, a experiência era pessoal e direta. Assim, estavam ambos aptos a libertar-se dos padrões fixos de pensamento e das modas adotadas por seus contemporâneos, dando cumprimento à recomendação de Camus para deixar atrás, por algum tempo, "nossa época e suas fúrias adolescentes".

Cada um aprendeu o máximo a partir de coisas muito diferentes. O grande mestre de Le Corbusier foi o templo grego, com seu corpo branco isolado e livre na paisagem, sua luminosa austeridade refulgindo ao sol. Em suas primeiras polêmicas, apresentaria seus edifícios e suas cidades pura e simplesmente desse modo, e mesmo sua arquitetura madura concretizou cada vez mais o caráter escultural e ativamente heróico do templo grego. A inspiração primordial de Venturi parece ter vindo do oposto histórico e arquetípico do templo grego, as fachadas urbanas da Itália, com seus intermináveis ajustes aos requisitos conflitantes de interior e exterior e suas inflexões com todas as atividades e tarefas da vida cotidiana: não, antes de mais nada, atores esculturais em vastas paisagens, mas recipientes espaciais complexos e definidores de ruas e praças. Tal "acomodação" torna-se também um princípio urbano geral para Venturi. Também nisso ele se assemelha a Le Corbusier, na medida em que ambos são artistas plásticos profundamente visuais cujo foco preciso sobre edifícios individuais acarreta uma nova atitude visual e simbólica em relação ao urbanismo em geral — não a visão esquemática e bidimensionalmente diagramática para a qual tendem muitos urbanistas, mas um conjunto de sólidas imagens, a própria arquitetura em sua escala total.

Uma vez mais, contudo, as imagens de Le Corbusier e Venturi são diametralmente opostas a esse respeito. Le Corbusier, exercendo aquele aspecto de sua natureza multímoda que professava rigor cartesiano, generalizou em *Vers une Architecture* muito mais facilmente do que Venturi no presente estudo e ofereceu um esquema geral claro para o todo. Venturi é mais fragmentário, caminhando passo a passo através de relações mais conciliatórias. Suas conclusões são gerais somente por inferência. Entretanto, parece-me que suas propostas, em seu reconhecimento da complexidade e em seu respeito pelo que existe, criam o antídoto sumamente necessário para aquele purismo cataclísmico de renovação urbana contemporânea que não tardou em colocar tantas cidades à beira da catástrofe e no qual as idéias de Le Corbusier encontraram agora uma apavorante vulgarização. São os sonhos de um herói aplicados em massa — como se um Aquiles fosse tornar-se rei. É por isso, presume-se, que Venturi é tão sistematicamente anti-heróico, a todo o instante restringindo impulsivamente suas recomendações com uma ironia implícita. Le Corbusier também usou a ironia, mas tão agressiva, tão contundente quanto um sorriso com dentes de aço. Venturi dá de ombros, com certa dose de tristeza, e segue adiante. É essa a resposta de sua geração às ambiciosas pretensões que na prática se mostraram destrutivas ou inconsistentes.

A exemplo de todos os arquitetos originais, Venturi faz-nos ver o passado sob novos ângulos. Em meu caso, por exemplo, que em outros tempos me concentrei nas continuidades proto-wrightianas do Shingle Style, foi ele quem me fez reavaliar o igualmente óbvio oposto desse estilo: as complicadas acomodações de interior e exterior com que esses arquitetos certamente se extasiaram. Ele chamou inclusive a atenção, uma vez mais, para o princípio de acomodação nos primeiros projetos de Le Corbusier. Assim, todos os arquitetos inventivos ressuscitam seus mortos como a coisa mais natural do mundo. É apropriado que Le Corbusier e Venturi estejam de acordo na questão de Michelangelo, em cuja obra a ação heróica e as exigências complexas encontraram especial união. Venturi fixa-se menos do que Le Corbusier na asserção unificada da concepção de Michelangelo em São Pedro mas, à semelhança de Le Corbusier, vê e, como mostra a fenestração de sua Friends' Housing for the Aged [uma residência para pessoas idosas], pode construir de acordo com outras coisas: as tristes e poderosas discordâncias das absides, essa imponente e melancólica música das civilizações agonizantes e do destino da humanidade numa estrela que arrefece.

Nesse sentido, Venturi é, apesar de todas as suas próprias rejeições irônicas, um dos poucos arquitetos norte-americanos cuja obra parece aproximar-se da estatura trágica, na tradição de Furness, Louis Sullivan, Wright e Kahn. Essa sua posição sugere o poder de sucessivas gerações, vivendo num único lugar, para desenvolver uma intensidade de significado; boa parte disso é realizado na Filadélfia: de Frank Furness para o jovem Sullivan e deste, por intermédio de Wilson Eyre e George Howe, para Louis Kahn. Kahn é o mentor mais próximo de Venturi, tal como foi para quase todos os melhores jovens arquitetos e educadores americanos da década passada, como Giurgola, Moore, Vreeland e Millard. O diálogo assim desenvolvido, no qual Aldo Van Eyck, da Holanda, também desempenhou um notável papel, certamente contribuiu muito para o desenvolvimento de Venturi. A teoria de "instituições" de Kahn foi fundamental para todos esses arquitetos, mas o próprio Venturi evita as preocupações estruturais de Kahn em favor de um método mais flexivelmente dirigido para a função, mais próximo do de Alvar Aalto. Ao contrário de sua prosa, o *design* de Venturi desenrola-se sem esforço. Nisso, ele é tão fluente quanto um arquiteto do barroco e, ao mesmo tempo, tão cenográfico quanto este último. (Seu projeto para o Roosevelt Memorial, provavelmente o melhor, certamente o mais original dos competidores, mostra até que ponto esse talento cenográfico pode ser imponente e sereno.) Não existe nele nem um pouco da sombria e implacável luta de Kahn, da profunda angústia dos opostos estruturais e funcionais em busca de expressão. Ele está inteiramente à vontade com o particular e assim oferece a necessária oposição aos homogeneizadores tecnológicos que abarrotam nosso futuro. Não há certamente discordância nesse ponto com Le Corbusier, ou mesmo com Mies, apesar da regularidade universal das formas desse último. Muitas espécies de alta qualidade podem habitar o mesmo mundo. Tal multiplicidade é, com efeito, a promessa suprema da idade moderna à humanidade, muito mais intrínseca a sua natureza do que o conformismo superficial ou os igualmente arbitrários acondicionamentos que suas primeiras fases sugerem e que são tão pressurosamente adotados por projetistas superficiais.

O ponto essencial é que a filosofia e o *design* de Venturi são humanistas, no que o caráter de seu livro se assemelha à obra básica de Geoffrey Scott, *The Architecture of Humanism*, de 1914. Portanto, ele valoriza, antes de tudo, as ações dos seres humanos e o efeito das formas físicas sobre seu espírito. Quanto a isso, Venturi é um arquiteto italiano da grande tradição — cujo contato com essa tradição veio da história da arte em Princeton e de uma bolsa na Academia Americana em Roma. Mas, como sua Friends' Housing mostra igualmente bem, ele é um dos raros arquitetos cujo pensamento se equipara ao dos pintores pop — e provavelmente o primeiro arquiteto a perceber a utilidade e o significado de suas formas. É evidente que Venturi aprendeu muito com eles nesses últimos anos, embora o principal argumento deste livro tenha sido exposto no final da década de 50 e, portanto, seja anterior a seu conhecimento da obra daqueles. Contudo, seu "Main Street is almost all right" tem grandes afinidades com o ponto de vista pop, assim como seu instinto para mudanças de escala em edifícios pequenos e para a insuspeitada vida que se descobre nos artefatos comuns da cultura de massa, quando individualmente focalizados. O "pop" no "Purismo" de Le Corbusier, assim como no do jovem Léger, não deve ser aqui esquecido, e ganha renovada significação histórica quando sua lição de escala explodida e focalização intensa é uma vez mais aprendida. Temse de novo a sensação de que Le Corbusier, pintor e teórico que era, teria entendido perfeitamente a aliança de Venturi de método visual com intenção intelectual.

É significativo, a esse respeito, que as idéias de Venturi tenham provocado a mais áspera indignação entre os membros da geração Bauhaus conhecidos por sua mentalidade mais acadêmica — com sua profunda falta de ironia, seu desdém de velha solteirona pela cultura popular mas uma compreensão duvidosa de qualquer outra cultura, sua incapacidade para lidar com a escala monumental, sua adulação hipócrita da tecnologia e sua preocupação com uma estética purista um tanto amaneirada. A maior parte do *design* Bauhaus dos anos 20, tanto em edifícios como em mobiliário, pode distinguir-se, exatamente por essas características, das formas mais generosas e mais variadas de Le Corbusier nesse mesmo período. Duas tendências da arquitetura moderna parecem separar-se nesse ponto, com Le Corbusier e Venturi sendo agora vistos trabalhando no mesmo veio mais vasto e mais humano dos arquitetos e não no dos *designers*.

O projeto de Venturi para a Prefeitura de North Canton, Ohio, mostra como sua arquitetura também tem uma ligação com a obra do último período de Sullivan e, portanto, com a mais profunda e contida experiência vernacular americana como um todo. Essa é, sem dúvida, a maior realização de Venturi em termos americanos: que ele tenha aberto de novo nossos olhos para a natureza das coisas tal como se apresentam nos Estados Unidos — na pequena cidade, não menos do que em Nova York — e realizado uma sólida arquitetura a partir de nossa comum e confusa textura produzida em massa; ele faz uma arte. Ao fazê-la, revive as tradições populares e a metodologia particularizada do período pré-Beaux Arts, pré-International Style. Assim, Venturi completa aquela conexão renovada com todo o nosso passado que a obra madura de Kahn tinha começado.

Não surpreende que, da atual safra de profissionais da reurbanização, poucos ainda o tolerem. Também eles são genuinamente americanos, rapazes de aldeia com o nariz colado à vitrine da loja de guloseimas e pela primeira vez com dinheiro para gastar. Por isso estão geralmente comprando trivialidades, extravagâncias de mau gosto e sem a menor originalidade perpetradas por um exército de empreiteiros arquiteturais pródigos em fornecer uma simplicidade espúria e a ordem do túmulo: a embalagem contemporânea *par excellence*. Venturi parece excessivamente complicado e, ao mesmo tempo, demasiado vulgar para tais pessoas, que, em suas formas arquiteturais e em seus programas sociais, gostariam de encobrir algumas das faces mais exigentes e menos atraentes da realidade. Por isso, precisamente porque reconhece e usa fenômenos sociais tal como existem, Venturi é o menos "elegante" dos arquitetos, indo sempre direto ao essencial, trabalhando rapidamente sem aspirações fantasiosas nem nebulosos apartes. Embora tenha aprendido na escola maneirista, seus próprios edifícios não são, em nenhum sentido, "afetados" mas surpreendentemente diretos. No fim de contas, uma antena de televisão em escala apropriada coroa sua Friends' Housing, exatamente como preenche — nesse caso, sem qualquer juízo de valor mas como um fato concreto — as vidas de nossos anciãos. Seja qual for o grau de dignidade que possa haver nisso, Venturi materializa-a, mas não nos mente nem uma vez a respeito do que são os fatos. No sentido mais direto, é a função que lhe interessa, bem como as formas mais fortes que derivam da expressão funcional. Ao contrário de tantos arquitetos dessa geração, ele nunca é polido, refinado.

Não admira que os edifícios de Venturi não tenham encontrado pronta aceitação; eles são excessivamente novos e, ao mesmo tempo, apesar de toda a sua "acomodação" de complexidade, verdadeiramente simples e despretensiosos demais para esta década de prosperidade. Eles se recusaram a fazer muito do nada, a condescender em gestos vistosos ou a adular a moda. Foram o produto de uma profunda análise sistemática em termos programáticos e visuais e solicitaram, portanto, uma séria reorientação em todo o nosso pensamento. Daí que a imagem simbólica que prepara nossos olhos para vê-los ainda não tenha sido convenientemente formada. Este livro pode ajudar quanto a esse aspecto. Acredito que o futuro o valorizará entre os poucos textos básicos de nosso tempo — um texto que, apesar de sua ausência anti-heróica de pretensão e de sua mudança de perspectiva, dos Champs Elysées para a Main Street, ainda assim retoma um diálogo fundamental iniciado nos anos 20 e desse modo nos liga, uma vez mais, à geração heróica da arquitetura moderna.

VINCENT SCULLY

Nota à segunda edição

Não existe maneira de separar a forma do significado; uma coisa não pode existir sem a outra. O que pode haver são apenas diferentes avaliações críticas dos principais métodos mediante os quais a forma transmite significado ao espectador: por meio da empatia, disse o século XIX, ela o corporifica; por meio do reconhecimento de sinais, dizem os lingüistas, ela o veicula. Os dois concordariam em que o agente operante pertinente nesse processo do cérebro humano é a memória: tanto a empatia quanto a identificação de sinais são respostas aprendidas, o resultado de experiências culturais específicas. Os dois modos de conhecimento e de derivação de significado a partir da realidade exterior complementam-se mutuamente e estão ambos funcionando em graus variáveis na formação e percepção de todas as obras de arte.

Nesse sentido, a produção e a experiência da arquitetura, como a de toda e qualquer arte, constituem sempre atos crítico-históricos, envolvendo o que o arquiteto e o espectador aprenderam a distinguir e a imaginar através de suas próprias relações com a vida e as coisas. Segue-se, portanto, que a força e o valor de nosso contato com a arte dependerão da qualidade de nosso conhecimento histórico. E é óbvio que a palavra a ser empregada aqui é conhecimento e não aprendizagem.

Os dois principais livros de Venturi foram construídos precisamente de acordo com essa orientação. Eles são críticos e históricos. Este, o primeiro, apesar de sua significativa introdução de muitos e importantes modos de crítica literária na escrita arquitetural, explora principalmente a reação física à forma e, assim, é basicamente empático no método. O segundo, *Learning from Las Vegas* (escrito em colaboração com Denise Scott Brown e Steven Izenour), trata primordialmente da função do signo na arte humana e é, portanto, fundamentalmente lingüístico em sua abordagem. Em conjunto, os dois volumes, sempre impecavelmente visuais em sua argumentação, formam uma impressionante estética operacional para os arquitetos contemporâneos.

A essa distância, sinto-me duplamente honrado por ter sido convidado a escrever a introdução original, que hoje não me parece estar tão bem escrita quanto o próprio livro (editado por Marian Scully), mas é embaraçosamente correta em sua conclusão. Sinto-me particularmente satisfeito por ter tido a perspicácia de escrever nela que *Complexidade e contradição* era "o mais importante livro escrito sobre criação e produção de arquitetura desde *Vers une Architecture*, de Le Corbusier, de 1923". O tempo demonstrou que essa atrevida afirmação nada mais era do que uma verdade pura e simples, e os críticos que a julgaram muito divertida ou irritante naquele momento parecem consumir agora uma extraordinária soma de energia citando Venturi sem conhecimento ou censurando-o por não ir suficientemente longe, ou mostrando que eles próprios tinham realmente dito isso tudo muito antes. Não importa. O que conta é que este livro brilhante e generoso foi publicado quando tinha de ser. Forneceu a arquitetos e críticos armas mais realistas e eficazes, já que a amplitude e a importância que o diálogo arquitetural alcançou desde então foram largamente iniciadas por ele. De interesse fundamental são os recentes e eloqüentes edifícios inspirados por seu método, dos quais aqueles de Venturi e Rauch continuam a ser, o que não surpreende, os mais intelectualmente focalizados, arquetípicos e distintos. Uma vez mais, como quando patrocinou a exposição da qual derivou o International Style de 1932, de Hitchcock e Johnson, o Museum of Modern Art iniciou algo de grande importância quando apoiou este livro.

VINCENT SCULLY
abril de 1977

Prefácio

Este livro é uma tentativa de crítica arquitetônica e uma justificação — uma explicação, indiretamente, de minha obra. Porque sou um arquiteto que exerce a profissão, minhas idéias sobre arquitetura são, inevitavelmente, um subproduto da crítica que acompanha o trabalho e que é, como disse T. S. Eliot, de "capital importância... na própria obra de criação. Na verdade, provavelmente a maior parte do trabalho de joeirar, combinar, construir, expungir, corrigir, testar: todo esse tremendo esforço é tanto crítico quanto criativo. Sustento até que a crítica empregada por um escritor experiente e hábil a respeito de sua própria obra é a mais vital, a mais alta espécie de crítica"[1]. Eu escrevo, pois, como um arquiteto que emprega a crítica, mais do que como um crítico que opta pela arquitetura, e este livro representa um certo conjunto de ênfases, um modo de ver a arquitetura que considero válido.

No mesmo ensaio, Eliot discute a análise e a comparação como instrumentos de crítica literária. Esses métodos críticos também são válidos para a arquitetura, que está aberta para a análise como qualquer outro aspecto da experiência e ganha maior clareza através de comparações. A análise inclui a decomposição da arquitetura em seus elementos, uma técnica que uso freqüentemente, embora seja o oposto da integração que é o objetivo final da arte. Por muito paradoxal que pareça, e apesar das desconfianças de muitos arquitetos modernos, tal desintegração é um processo presente em toda a criação e mostra-se essencial para a compreensão. Autocrítica é necessariamente uma parte da criação e da crítica. Hoje, os arquitetos são instruídos demais para serem primitivos ou totalmente espontâneos, e a arquitetura é demasiado complexa para ser abordada com ignorância cuidadosamente mantida.

Como arquiteto, procurei guiar-me não pelo hábito, mas por uma percepção consciente do passado — por precedentes atentamente considerados. As comparações históricas escolhidas são parte de uma tradição contínua, apropriada a meus interesses e preocupações. Quando Eliot escreve sobre tradição, seus comentários são igualmente aplicáveis à arquitetura, não obstante as mudanças mais óbvias nos métodos arquitetônicos causadas por inovações tecnológicas. "Na literatura inglesa", diz Eliot, "raramente falamos de tradição. ... Raras vezes, talvez, a palavra aparece, exceto numa frase de censura. Em outras circunstâncias, é vagamente aprobatória, com a implicação, a respeito de uma obra aprovada, de alguma agradável reconstituição arqueológica. ... Entretanto, se a única forma de tradição, de transmissão, consistisse em seguir os métodos da geração que imediatamente nos antecedeu, numa cega ou tímida adesão a seus êxitos, a 'tradição' deveria ser positivamente desencorajada. ... A tradição é assunto de significado muito mais amplo. Não pode ser herdada e, se a queremos, devemos obtê-la com grande esforço. Ela envolve, em primeiro lugar, o senso histórico, que podemos considerar quase indispensável a qualquer um que deseje continuar a ser poeta depois de seus vinte e cinco anos; e o senso histórico envolve percepção, não só da natureza pretérita do passado mas também de sua presença; o senso histórico compele um homem a escrever não meramente com sua própria geração em seus ossos, mas com um sentimento de que toda a literatura da Europa... tem uma existência simultânea e compõe uma ordem simultânea. Esse senso histórico, que é um sentido tanto do eterno quanto do temporal, e de eternidade e temporalidade conjugadas, é o que faz um escritor ser tradicional e, ao mesmo tempo, o que torna um escritor mais agudamente consciente de seu lugar no tempo, de sua própria contemporaneidade... Nenhum poeta, nenhum artista de qualquer gênero possui sozinho seu significado completo."[2] Concordo com Eliot e rejeito a obsessão dos arquitetos modernos que, para citar Aldo van Eyck, "estiveram repisando contínua e enfadonhamente o que é diferente em nosso tempo, a tal ponto que perderam de vista o que não é diferente, o que é essencialmente o mesmo"[3].

Os exemplos escolhidos refletem minha parcialidade em relação a certas eras: maneirista, barroca e rococó, em especial. Como diz Henry-Russel Hitchcock, "existe sempre uma necessidade concreta de reexaminar a obra do passado. Existe, presumivelmente, quase sempre um interesse genérico na história arquitetônica entre os arquitetos; mas os aspectos, ou períodos, da história que parecem, em qualquer momento dado, merecer a mais profunda atenção certamente variam com a sensibilidade de cada um"[4]. Como artista, francamente escrevo acerca do que gosto em arquitetura: complexidade e contradição. Daquilo de que julgamos gostar — daquilo para que somos facilmente atraídos — podemos aprender muita coisa sobre o que realmente somos. Louis Kahn referiu-se a "o que uma coisa quer ser", mas nessa afirmação está implícito seu oposto: o que o arquiteto quer que uma coisa seja. Na tensão e no equilíbrio entre as duas situam-se muitas das decisões do arquiteto.

As comparações incluem alguns edifícios que não são belos nem grandes e que foram abstratamente retirados de seu contexto histórico porque confio menos na idéia de estilo do que nas características inerentes de edifícios específicos. Escrevendo mais como arquiteto do que como *scholar*, minha visão histórica é a descrita por Hitchcock: "Outrora, é claro, quase toda a investigação sobre a arquitetura do passado era para ajudar sua reconstituição nominal — um instrumento de revivalismo. Hoje, isso deixou de ser verdade, e há pouquíssimas razões para temer que possa voltar a sê-lo em nosso tempo. Os arquitetos e críticos de história da arte do começo do século XX, quando não estavam meramente buscando no passado munição fresca para a guerra polêmica em curso, ensinaram-nos a ver toda a arquitetura em termos por assim dizer abstratos, embora uma visão tão limitada seja provavelmente falsa para as sensibilidades complexas que produziram a maior parte da grande arquitetura do passado. Quando hoje reexaminamos — ou descobrimos — este ou aquele aspecto da produção de construções de outros tempos, não é com a idéia de repetir suas formas; é, antes, na expectativa de alimentar mais amplamente novas sensibilidades que são inteiramente fruto do presente. Para o historiador puro isso pode parecer lamentável, como a introdução de elementos altamente subjetivos no que ele acredita que devam ser estudos rigorosamente objetivos. Entretanto, é muito freqüente o historiador puro acabar por descobrir que está caminhando em direções já determinadas por cata-ventos mais sensíveis"[5].

Não faço nenhuma tentativa especial para relacionar a arquitetura com outras coisas. Não procurei "melhorar as ligações entre ciência e tecnologia, por um lado, humanidades e ciências sociais, por outro..., e fazer da arquitetura uma arte social mais humana"[6]. Tento falar sobre arquitetura e não em torno dela. Sir John Summerson referiu-se à obsessão dos arquitetos pela "importância, não da arquitetura, mas da *relação* da arquitetura com outras coisas"[7]. Ele sublinhou que, no século atual, os arquitetos trocaram a imitação eclética do século XIX pela "perniciosa analogia" e têm estado mais interessados em reivindicar um papel para a arquitetura do que em produzir arquitetura[8]. O resultado tem sido o planejamento diagramático. O poder cada vez menor do arquiteto e sua ineficácia crescente para modelar o meio ambiente como um todo poderão, talvez, ser revertidos, ironicamente, se ele restringir suas preocupações e se concentrar em seu próprio trabalho. Talvez então as relações e o poder se harmonizem por si mesmos. Aceito o que para mim são limitações inerentes à arquitetura e tento concentrar-me mais nas dificuldades que lhe são intrínsecas do que nas abstrações mais fáceis a seu respeito; "uma vez que as artes pertencem (como disseram os antigos) à inteligência prática e não à especulativa, não existe nada mais eficaz do que estar atuante na profissão"[9].

Este livro trata do presente, e do passado em relação ao presente. Não tenta ser visionário, exceto na medida em que o futuro esteja inerente à realidade do presente. Só indiretamente é polêmico. Tudo é dito no contexto da arquitetura atual, e, por conseguinte, certos alvos são atacados — em geral, as limitações da arquitetura e do urbanismo modernos ortodoxos e em particular os arquitetos triviais, que invocam integridade, tecnologia ou programação eletrônica como fins em arquitetura, os popularizantes, que pintam "contos de fadas sobre nossa caótica realidade"[10] e suprimem aquelas complexidades e contradições inerentes à arte e à experiência. Não obstante, o presente livro é uma análise do que me parece ser verdadeiro para a arquitetura agora, mais do que uma diatribe contra o que parece falso.

ROBERT VENTURI

Nota à segunda edição

Escrevi este livro no começo da década de 1960 como arquiteto no exercício da profissão, reagindo a aspectos teóricos e dogmáticos da arquitetura dessa época. As questões agora são diferentes, e penso que o livro poderia ser lido hoje por suas teorias gerais sobre forma arquitetônica, mas também como um documento de seu tempo, mais histórico do que tópico. Por essa razão, a segunda parte do livro, que cobre o trabalho de nossa firma até 1966, não foi ampliada nesta segunda edição.

Desejaria atualmente que o título tivesse sido *Complexidade e contradição em forma arquitetônica*, como sugerido por Donald Drew Egbert. No começo dos anos 60, porém, a forma reinava soberana no pensamento arquitetônico, e a maior parte da teoria arquitetônica concentrava-se, sem dúvida, nos aspectos da forma. Os arquitetos, então, raramente pensavam em simbolismo na arquitetura, e as questões sociais só passaram a dominar na segunda metade dessa década. Mas, em retrospectiva, este livro sobre a forma em arquitetura complementa nosso enfoque sobre o simbolismo em arquitetura, muitos anos depois, em *Learning from Las Vegas*.

Para retificar uma omissão nos agradecimentos da 1ª edição, quero expressar minha gratidão para com Richard Krautheimer, que dividiu seus *insights* sobre a arquitetura barroca romana conosco, bolsistas da Academia Americana em Roma. Também sou grato a meu amigo Vincent Scully por seu apoio constante e muito amável a este livro e a nosso trabalho. Sinto-me feliz por ter o

Museum of Modern Art ampliado o formato desta edição, de modo que as ilustrações agora estão mais legíveis.

Talvez seja sina de todos os teóricos acompanharem com sentimentos contraditórios as repercussões de suas obras. Por vezes, senti-me mais a gosto com meus críticos do que com aqueles que concordaram comigo. Esses últimos aplicaram erroneamente ou exageraram com freqüência as idéias e os métodos deste livro, ao ponto da caricatura. Alguns disseram que as idéias eram excelentes mas não se aprofundaram o bastante. Mas a maioria dos pensamentos aqui expressos pretendia antes ser sugestiva do que dogmática, e o método de analogia histórica só pode ser tomado nos limites da crítica arquitetônica. Deve um artista explorar suas filosofias até as últimas conseqüências?

ROBERT VENTURI
abril de 1977

1

Arquitetura não-direta: um suave manifesto

Gosto de complexidade e contradição em arquitetura. Não gosto da incoerência ou arbitrariedade da arquitetura incompetente nem das afetadas complexidades do pitoresco ou do expressionismo. Prefiro falar de uma arquitetura complexa e contraditória baseada na riqueza e na ambigüidade da experiência moderna, incluindo aquela experiência que é inerente à arte. Por toda a parte, exceto na arquitetura, a complexidade e a contradição foram aceitas e reconhecidas, desde a prova de Gödel da inconsistência final em matemática até a análise de T. S. Eliot da poesia "difícil" e à definição de Joseph Albers da qualidade paradoxal da pintura.

Mas a arquitetura é necessariamente complexa e contraditória até mesmo pela inclusão dos tradicionais elementos vitruvianos de comodidade, firmeza e prazer. E hoje as necessidades de programa, estrutura, equipamento mecânico e expressão, mesmo em edifícios individualmente considerados em contextos simples, são variadas e conflitantes por força de circunstâncias antes inimagináveis. A crescente dimensão e escala da arquitetura no planejamento urbano e regional aumenta as dificuldades. Acolho com prazer os problemas e exploro as incertezas. Ao aceitar a contradição, assim como a complexidade, tenho em vista a vitalidade, tanto quanto a validade.

Os arquitetos já não se podem deixar intimidar pela linguagem puritanamente moralista da arquitetura moderna ortodoxa. Gosto mais dos elementos híbridos do que dos "puros", mais dos que são fruto de acomodações do que dos "limpos", distorcidos em vez dos "diretos", ambíguos em vez de "articulados", perversos tanto quanto impessoais, enfadonhos tanto quanto "interessantes", mais dos convencionais do que dos "inventados", acomodatícios em vez de excludentes, redundantes em vez de simples, tanto vestigiais quanto inovadores, inconsistentes e equívocos em vez de diretos e claros. Sou mais favorável à vitalidade desordenada do que à unidade óbvia. Incluo o *non sequitur* e proclamo a dualidade.

Sou mais pela riqueza de significado do que pela clareza de significado; pela função implícita, tanto quanto pela função explícita. Prefiro "tanto... como" a "ou... ou", preto e branco, e às vezes cinza, a ou preto ou branco. Uma arquitetura válida evoca muitos níveis de significado e combinações de enfoques: o espaço arquitetônico e seus elementos tornam-se legíveis e viáveis de muitas maneiras ao mesmo tempo.

Mas uma arquitetura de complexidade e contradição tem uma obrigação especial em relação ao todo: sua verdade deve estar em sua totalidade ou em suas implicações de totalidade. Deve consubstanciar a difícil unidade de inclusão, em vez da fácil unidade de exclusão. Mais não é menos.

2
Complexidade e contradição *versus* simplificação ou pitoresco

A tendência dos arquitetos modernos ortodoxos tem sido reconhecer a complexidade de maneira insuficiente ou inconsistente. Na tentativa de romper com a tradição e começar tudo de novo, eles idealizaram o primitivo e o elementar às custas do multiforme e do refinado. Como participantes de um movimento revolucionário, aclamaram a novidade de funções modernas, ignorando suas complicações. Em seu papel de reformadores, defenderam com veemência puritana a separação e exclusão de elementos, em vez da inclusão de vários requisitos e suas justaposições. Como precursor do movimento moderno, Frank Lloyd Wright, que cresceu com a divisa "A Verdade contra o Mundo", escreveu: "Abrir-se-iam para mim visões de simplicidade tão amplas e extensas e surgiriam harmonias de construção tais que... mudariam e aprofundariam o pensamento e a cultura do mundo moderno. Eu acreditava nisso"[11]. E Le Corbusier, co-fundador do purismo, falou das "grandes formas primárias" que, proclamou, eram "distintas... e sem ambigüidades"[12]. Com raras exceções, os arquitetos modernos evitavam a ambigüidade.

Mas agora nossa posição é diferente: "Ao mesmo tempo que os problemas aumentam em quantidade, complexidade e dificuldade, também mudam mais rapidamente do que antes"[13] e requerem uma atitude mais parecida com a descrita por August Heckscher: "O movimento de uma concepção de vida essencialmente simples e disciplinada para uma concepção de vida complexa e irônica é aquele por que cada indivíduo passa ao tornar-se maduro. Mas certas épocas encorajam esse desenvolvimento; nelas, a perspectiva paradoxal ou dramática dá colorido a toda a cena intelectual. ... O racionalismo nasce em meio à simplicidade e à ordem, mas o racionalismo prova ser inadequado em qualquer período de convulsão. O equilíbrio deve ser então criado a partir de opostos. Aquela paz interior que os homens adquirem deve representar uma tensão entre contradições e incertezas. ... Uma sensibilidade especial para o paradoxo permite que coisas aparentemente dessemelhantes existam lado a lado, sua própria incongruência sugerindo uma espécie de verdade"[14].

As racionalizações em prol da simplificação, porém, ainda são correntes, embora mais sutis do que os argumentos usados anteriormente. São expansões do importante paradoxo de Mies van der Rohe, "menos é mais". Paul Rudolph enunciou claramente as implicações do ponto de vista de Mies: "Nunca será possível resolver todos os problemas. ... Na verdade, é uma característica do século XX que os arquitetos sejam altamente seletivos na determinação de quais problemas querem resolver. Mies, por exemplo, realiza edifícios maravilhosos simplesmente porque ignora muitos aspectos de um edifício. Se ele resolvesse mais problemas, seus edifícios seriam muitíssimo menos potentes"[15].

A doutrina "menos é mais" deplora a complexidade e justifica a exclusão para fins expressivos. Permite, de fato, que o arquiteto seja "altamente seletivo na determinação de quais problemas [ele quer] resolver". Mas, se o arquiteto deve estar "comprometido com seu modo particular de ver o universo"[15], tal compromisso

1

certamente significa que o arquiteto determina como os problemas devem ser resolvidos, não que ele pode determinar quais os problemas que solucionará. Somente poderá excluir importantes considerações correndo o risco de separar a arquitetura da experiência de vida e das necessidades da sociedade. Se alguns problemas provam ser insolúveis, o arquiteto pode expressar isso: num gênero de arquitetura mais inclusiva do que exclusiva há lugar para o fragmento, a contradição, a improvisação e para as tensões que tudo isso produz. Os pavilhões requintados de Mies tiveram valiosas implicações para a arquitetura, mas sua seletividade de conteúdo e linguagem constitui tanto a limitação como a força dessas criações.

Questiono a pertinência de analogias entre pavilhões e casas, especialmente analogias entre pavilhões japoneses e a recente arquitetura doméstica. Elas ignoram a real complexidade e contradição inerente ao programa doméstico — as possibilidades espaciais e tecnológicas, assim como a necessidade de variedade na experiência visual. A simplicidade forçada resulta em uma supersimplificação que distorce ou ignora elementos essenciais. Na Casa Wiley, por exemplo (1), em contraste com sua Casa de Vidro (2), Philip Johnson tentou ir além das simplicidades do pavilhão elegante. Ele separou explicitamente e articulou as "funções privadas" fechadas da residência num pedestal que constitui o andar térreo, segregando-as assim das "funções sociais" abertas no pavilhão modular situado acima. Contudo, mesmo nesse caso, o edifício torna-se um diagrama de um programa supersimplifica-

2

do de moradia — uma teoria abstrata de ou-ou. Onde a simplicidade não pode funcionar, resulta o simplismo. A simplificação espalhafatosa significa arquitetura insípida. Menos é uma chatice.

O reconhecimento da complexidade em arquitetura não nega o que Louis Kahn chamou "o desejo de simplicidade". Mas a simplicidade estética que é uma satisfação para o espírito deriva, quando válida e profunda, da complexidade interior. A simplicidade do templo dórico para os olhos é obtida por meio das famosas sutilezas da precisão de sua geometria distorcida e das contradições e tensões inerentes a sua ordem. O templo dórico pôde realizar a aparente simplicidade através da real complexidade. Quando a complexidade desapareceu, como nos templos do último período, a insipidez substituiu a simplicidade.

A complexidade tampouco nega a simplificação válida que é parte do processo de análise e até um método de realizar a própria arquitetura complexa. "Supersimplificamos determinado evento quando o caracterizamos do ponto de vista de um dado interesse."[16] Mas essa espécie de simplificação é um método no processo analítico de realização de uma arte complexa. Não deve ser confundida com um objetivo.

Entretanto, uma arquitetura de complexidade e contradição está longe de significar o pitoresco ou o expressionismo subjetivo. Uma falsa complexidade opôs-se recentemente à falsa simplicidade de uma certa arquitetura moderna anterior. Ela promove uma arquitetura dominada pelo pitoresco simétrico — que Minoru Yamasaki qualifica de "serena" —, mas representa um novo

3

formalismo tão divorciado da experiência quanto o culto anterior da simplicidade. Suas formas intricadas não refletem programas genuinamente complexos, e sua complicada ornamentação, embora dependente de técnicas industriais para execução, é uma árida reminiscência de formas originalmente criadas por técnicas artesanais. O rendilhado gótico e o *rocaille* rococó eram não só expressivamente válidos em relação ao todo mas provinham de um válido exibicionismo de habilidades manuais e expressavam uma vitalidade derivada da imediação e da individualidade do método. Essa espécie de complexidade através da exuberância, talvez impossível nos dias de hoje, é a antítese da arquitetura "serena", apesar da superficial semelhança entre ambas. Mas, se a exuberância não é característica de nossa arte, a tensão, mais do que a "serenidade", parece ser.

Os melhores arquitetos do século XX têm geralmente rejeitado a simplificação — isto é, a simplicidade pela redução — a fim de promover a complexidade no todo. As obras de Alvar Aalto e Le Corbusier (que freqüentemente menospreza seus escritos polêmicos) são exemplos. Mas as características de complexidade e contradição em suas obras são freqüentemente ignoradas ou mal compreendidas. Os críticos de Aalto, por exemplo, gostaram dele sobretudo por sua sensibilidade para materiais naturais e seu requintado detalhamento e consideraram sua composição, como um todo, deliberadamente pitoresca. Não considero pitoresca a igreja de Aalto em Imatra. Ao repetir no volume a genuína complexidade da planta tripartida e o padrão de teto acústico (3), essa

4

igreja representa um justificável expressionismo diferente do pitoresco deliberado da estrutura e dos espaços desordenados da recente igreja de Giovanni Michelucci para a Autostrada (4)*. A complexidade de Aalto é parte do programa e da estrutura do todo e não um recurso justificado somente pelo desejo de expressão. Se bem que já não se discuta mais sobre a primazia da forma ou da função (o que é que segue o quê?), não podemos ignorar sua interdependência.

O desejo de uma arquitetura complexa, com suas concomitantes contradições, não é apenas uma reação à banalidade ou afetação da arquitetura corrente. É uma atitude comum nos períodos maneiristas: o século XVI na Itália ou o período helenístico na arte clássica, e também é um traço contínuo visto em arquitetos tão diversos quanto Michelangelo, Palladio, Borromini, Vanbrugh, Hawksmoor, Soane, Ledoux, Butterfield, alguns arquitetos do Shingle Style, Furness, Sullivan, Lutyens e, recentemente, Le Corbusier, Aalto, Khan e outros.

Hoje, essa atitude volta a ser importante para o meio material e técnico da arquitetura e para o programa em arquitetura.

Em primeiro lugar, os meios de expressão da arquitetura devem ser reexaminados, se quisermos que se expressem as perspectivas ampliadas de nossa arquitetura, assim como a complexidade de suas metas. As formas simplificadas ou superficialmente complexas não funcionarão. Em vez disso, a variedade inerente à ambigüidade da percepção visual deve ser, uma vez mais, reconhecida e explorada.

Em segundo lugar, as crescentes complexidades de nossos problemas funcionais também devem ser reconhecidas. Refiro-me, é claro, àqueles programas, únicos em nosso tempo, que são complexos por causa de sua extensão, como laboratórios de pesquisa, hospitais e, em especial, os enormes projetos na escala do planejamento urbano e regional. Mas até a casa, simples em suas proporções, é complexa na finalidade, se as ambigüidades da ex-

---

* Visitei a Igreja da Autostrada de Giovanni Michelucci, depois de ter escrito essas palavras a seu respeito, e percebo agora que se trata de um edifício extremamente belo e eficiente. Lamento, portanto, ter feito essa comparação pouco indulgente.

periência contemporânea forem expressas. Esse contraste entre os meios e os fins de um programa é significativo. Embora os meios envolvidos no programa de lançamento de um foguete para a Lua, por exemplo, sejam quase infinitamente complexos, o objetivo é simples e contém poucas contradições; embora os meios envolvidos no programa e na estrutura de edifícios sejam muitíssimo mais simples e tecnologicamente menos sofisticados do que quase qualquer outro projeto de engenharia, a finalidade é mais complexa e, com freqüência, inerentemente ambígua.

3
Ambigüidade

Enquanto a segunda classificação de complexidade e contradição em arquitetura se relaciona com forma e conteúdo como manifestações de programa e estrutura, a primeira diz respeito ao meio de expressão e se refere a um paradoxo inerente à percepção e ao próprio processo de significado em arte: a complexidade e a contradição que resultam da justaposição do que uma imagem é e do que parece ser. Joseph Albers chama à "discrepância entre fato físico e efeito psíquico" uma contradição que é "a origem da arte". E, com efeito, a complexidade de significado, com suas resultantes ambigüidade e tensão, tem sido característica da pintura e é amplamente reconhecida na crítica de arte. O expressionismo abstrato reconhece a ambigüidade perceptiva, e a base da Op Art consiste em justaposições variáveis e dualidades ambíguas relativas à forma e à expressão. Também os pintores pop empregaram a ambigüidade tanto para criar um conteúdo paradoxal como para explorar possibilidades perceptivas.

Na literatura, os críticos também se dispuseram a aceitar a complexidade e a contradição. Tal como na crítica de arquitetura, eles se referem a uma era maneirista, mas, ao contrário da maioria dos críticos de arquitetura, reconhecem também um traço "maneirista" contínuo em determinados poetas. Com efeito, há muito tempo alguns críticos vêm enfatizando as qualidades de contradição, paradoxo e ambigüidade como básicas para o meio de comunicação de poesia, tal como Albers o fez em relação à pintura.

Eliot chamou à arte dos elizabetanos "uma arte impura"[17], na qual a complexidade e a ambigüidade são exploradas: "Numa peça de Shakespeare", disse ele, "temos diversos níveis de significação"[18] em que, citando Samuel Johnson, "as idéias mais heterogêneas são ligadas entre si pela violência"[19]. E em outra passagem: "O caso de John Webster... fornecerá um interessante exemplo de um enorme gênio literário e dramático dirigido para o caos"[20]. Outros críticos, por exemplo, Kenneth Burke, que se referem à "interpretação plural" e à "incongruência planejada", analisaram elementos de paradoxo e ambigüidade na estrutura e no significado de outras criações poéticas além daquelas dos poetas metafísicos seiscentistas e as dos poetas modernos que foram influenciados por eles.

Cleanth Brooks justifica a expressão de complexidade e contradição por sua necessidade como a própria essência da arte: "Entretanto, existem melhores razões do que as de vanglória retórica para induzir sucessivos poetas a preferirem a ambigüidade e o paradoxo à mera simplicidade discursiva. Não é suficiente para o poeta analisar sua experiência à maneira de um cientista, decompondo-a em suas partes, distinguindo cada parte separadamente, classificando as várias partes. Sua tarefa consiste, finalmente, em unificar a experiência. Ele deve devolver-nos a unidade da própria experiência, tal como cada homem a conhece em sua experiência pessoal. ... Se o poeta... deve necessariamente dramatizar a unicidade da experiência, mesmo rendendo tributo a sua diversidade, então seu uso de paradoxo e ambigüidade é visto como necessário. Ele não está tentando simplesmente adicionar algum sabor, com uma retórica superficialmente excitante ou mistificadora, aos ingredientes da velha e rançosa sopa. ... Está, pelo contrário, proporcionando-nos um *insight* que preserva a unidade da experiência e que, em seus níveis mais elevados e mais sérios, triunfa sobre os elementos aparentemente contraditórios e conflitantes da experiência ao unificá-los num novo padrão"[21].

E em *Seven Types of Ambiguity* William Empson "atreveu-se a tratar o que [tinha] ... sido considerado uma deficiência em poesia, a imprecisão de significado, como a principal virtude poética..."[22]. Empson documenta sua teoria com trechos de obras de Shakespeare, "o supremo cultor da ambigüidade, não tanto em conseqüência da confusão de suas idéias e da nebulosidade de seu texto, como alguns estudiosos acreditam, mas simplesmente por causa do poder e da complexidade de sua mente e de sua arte"[23].

Ambigüidade e tensão estão por toda a parte numa arquitetura de complexidade e contradição. A arquitetura é forma e substância — abstrata e concreta —, e seu significado deriva de suas características interiores e de seu contexto particular. Um elemento arquitetônico é percebido como forma *e* estrutura, textura *e* material. Essas relações oscilantes, complexas e contraditórias, são a fonte da ambigüidade e da tensão característica do meio de expressão arquitetônica. A conjunção "ou" com um ponto de interrogação pode geralmente descrever as relações ambí-

6

5

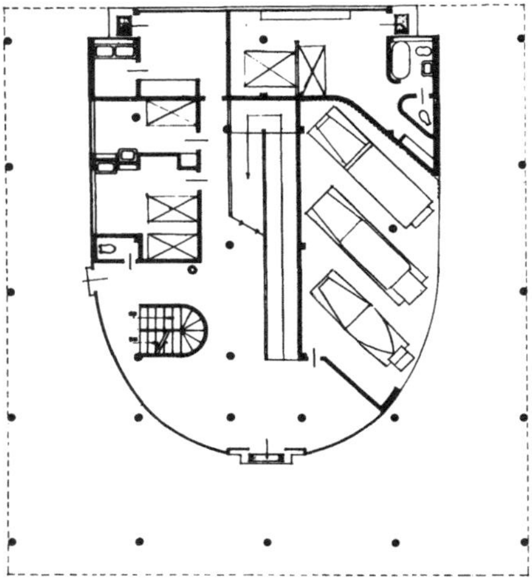

7

guas. A Villa Savoye (5): é uma planta quadrada ou não? O tamanho dos pavilhões de frente de Vanbrugh em Grimsthorpe (6) em relação aos pavilhões do fundo é ambíguo a uma certa distância: estão mais perto ou mais longe, são maiores ou menores? As pilastras de Bernini no Palazzo di Propaganda Fide (7): são pilastras positivas ou divisões negativas de planos de parede? A concavidade ornamental no Casino di Pio IV no Vaticano (8) é perversa: é mais parede ou mais abóbada? A depressão central na fachada de Lutyens em Nashdom (9) facilita a entrada de luz natural pela clarabóia: a dualidade resultante está resolvida ou não? Os apartamentos de Luigi Moretti na Via Parioli em Roma (10): são um só edifício dividido em duas partes ou dois edifícios ligados?

A ambigüidade calculada de expressão baseia-se na confusão de experiência, tal como se reflete no programa arquitetural. Isso promove a supremacia da riqueza de significado sobre a cla-

8

9

10

reza de significado. Como Empson admite, existe boa e má ambigüidade: "[a ambigüidade] pode ser usada para acusar um poeta de alimentar opiniões nebulosas, em vez de louvar a complexidade da ordem em seu espírito"[24]. Não obstante, de acordo com Stanley Edgar Hyman, Empson vê a ambigüidade "acumular-se precisamente nos pontos de maior eficiência poética, e considera-a geradora de uma qualidade a que dá o nome de 'tensão', à qual poderíamos chamar o impacto poético propriamente dito"[25]. Essas idéias aplicam-se igualmente bem à arquitetura.

4

Níveis contraditórios: o fenômeno de "tanto... como" em arquitetura

Os níveis contraditórios de significado e uso em arquitetura envolvem o contraste paradoxal subentendido pela conjuntiva "contudo". Eles podem ser mais ou menos ambíguos. A Shodhan House (11) de Le Corbusier é fechada e, contudo, aberta — um cubo, precisamente fechado por suas arestas e, contudo, aberto em suas superfícies; a Villa Savoye (12), do mesmo arquiteto, é simples por fora e, contudo, complexa por dentro. A planta Tudor de Barrington Court (13) é simétrica e, contudo, assimétrica; a Igreja da Imaculada Conceição, de Guarini, em Turim (14), é uma dualidade na planta e, contudo, uma unidade; o corredor de entrada no Middleton Park (15, 16), de Sir Edwin Lutyens, é um espaço direcional e, contudo, termina numa falsa parede; a fachada de Vignola para o pavilhão em Bomarzo (17) contém um portal e, contudo, é um falso pórtico; os edifícios de Kahn contêm concreto sem qualquer tipo de acabamento e, contudo, a *grantite* é polida; uma rua urbana é direcional como via de trânsito e, contudo, é estática como lugar. Essa série de "contudos" descreve uma arquitetura de contradição em vários níveis programáticos e estruturais. Nenhuma dessas contradições ordenadas representa uma busca de beleza, mas tampouco são, como paradoxos, fruto de capricho ou extravagância.

Cleanth Brooks refere-se à arte de Donne como "bifronte", mas, diz ele, "a maioria de nós, em tempos mais recentes, tem de optar por um caminho ou por outro. Fomos disciplinados na tradição 'ou... ou' e falta-nos a agilidade mental — para não falar de maturidade de atitude — que nos permitiria apreciar as distinções mais delicadas e as reservas mais sutis permitidas pela tradição 'de tanto... como' "[26]. A tradição "ou... ou" caracterizou a arquitetura moderna ortodoxa: um *brise-soleil* não é, paradoxalmente, mais do que isso; um suporte raras vezes tem espaço interno, uma parede não é violada por penetrações de janelas mas é totalmente interrompida por vidro; as funções do programa são exageradamente articuladas em alas ou segregadas em pavilhões separados. Até mesmo "espaço fluente" passou a significar estar fora quando estamos dentro e dentro quando estamos fora, em vez de ambos ao mesmo tempo. Tais manifestações de articulação e clareza são estranhas a uma arquitetura de complexidade e contradição, a qual tende mais para incluir "tanto... como" em vez de excluir "ou... ou".

Se a fonte do fenômeno "tanto... como" é a contradição, sua base é a hierarquia, a qual produz numerosos níveis de significa-

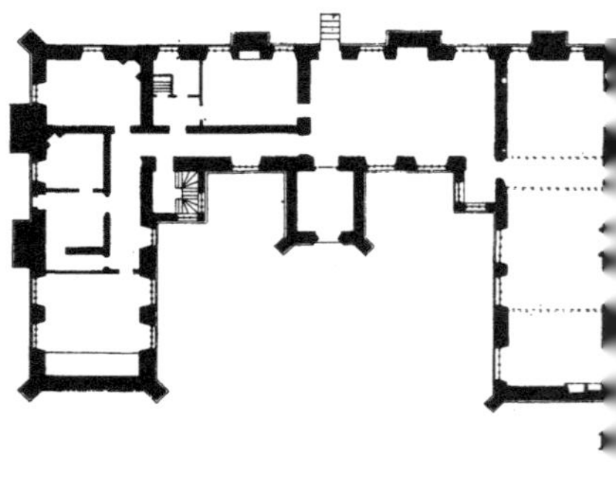

11

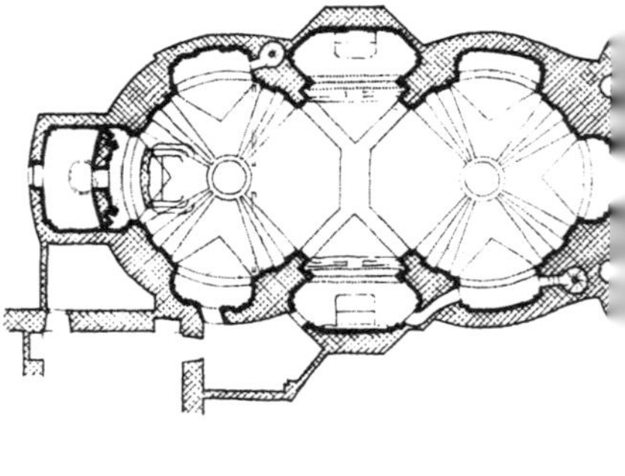

12

dos entre elementos com valores variáveis. Pode incluir elementos que são bons e inadequados, grandes e pequenos, fechados e abertos, contínuos e articulados, redondos e quadrados, estruturais e espaciais. Uma arquitetura que inclui vários níveis de significado gera ambigüidade e tensão.

A maioria dos exemplos será difícil de "ler", mas a arquitetura abstrusa é válida quando reflete as complexidades e contradições de conteúdo e significado. A percepção simultânea de uma multiplicidade de níveis envolve lutas e hesitações para o observador e torna mais vívida sua percepção.

Exemplos que são bons e maus ao mesmo tempo talvez expliquem, de certa maneira, o comentário enigmático de Kahn: "A arquitetura deve ter espaços ruins, assim como espaços bons". A evidente irracionalidade de uma parte será justificada pela resultante racionalidade do todo, ou as características de uma parte

15

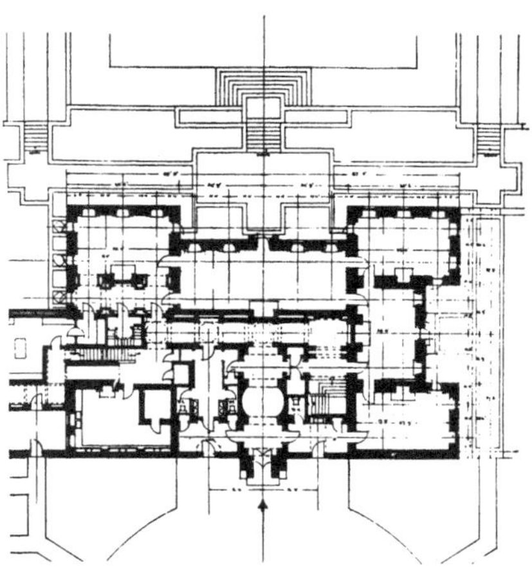

16

17

serão ajustadas a bem do todo. As decisões para tais ajustes válidos são uma das principais tarefas do arquiteto.

Em St. George-in-the-East (18), de Hawksmoor, as exageradas pedras angulares sobre as janelas das naves laterais estão erradas em relação à parte: quando vistas de perto, são grandes demais em relação à abertura sobre a qual se fecham. Quando vistas de mais longe, porém, no contexto de toda a composição, são expressivamente corretas em escala e tamanho. As enormes aberturas retangulares no ático da fachada dos fundos de S. Pedro (19), de Michelangelo, são mais largas do que altas, pelo que seus vãos têm de ser vencidos no sentido horizontal. Isso é perverso em relação às limitações de vão da alvenaria, as quais ditam, na arquitetura clássica, que as grandes aberturas, como essas, sejam verticalmente proporcionadas. Mas, uma vez que usualmente são esperadas proporções verticais, o vão longitudinal expressa válida e vigorosamente sua *relativa* pequenez.

A escada principal na Academia de Belas-Artes da Pensilvânia, na Filadélfia (20), de Frank Furness, é grande demais em relação a suas circunvizinhanças imediatas. Ela termina num espaço

18

19

mais estreito do que sua largura e está diante de uma abertura mais estreita do que sua largura. Além disso, a abertura é dividida ao meio por um pilar. Mas essa escada é tão cerimonial e simbólica quanto funcional e relaciona-se com o salão imediatamente além da abertura, com o edifício como um todo e com a grande escala da Broad Street, onde o edifício se situa. Os dois terços externos da escadaria de Michelangelo no vestíbulo da Biblioteca Laurenciana (21) são abruptamente truncados e não conduzem virtualmente a lugar nenhum: estão igualmente errados na relação de suas dimensões com seu espaço e, contudo, estão corretos na relação com todo o contexto dos espaços de seu entorno.

As alas laterais no pavilhão central da fachada da entrada principal do Palácio de Blenheim (22), de Vanbrugh, estão incorretas porque divididas ao meio por uma pilastra: essa fragmentação produz uma dualidade que diminui sua unidade. Entretanto, seu próprio caráter incompleto reforça, por contraste, o corpo central e aumenta a unidade global dessa complexa composição. Os pavilhões que ladeavam o *château* de Marly (23) continham um paradoxo semelhante. A dualidade composicional de suas fa-

20

21

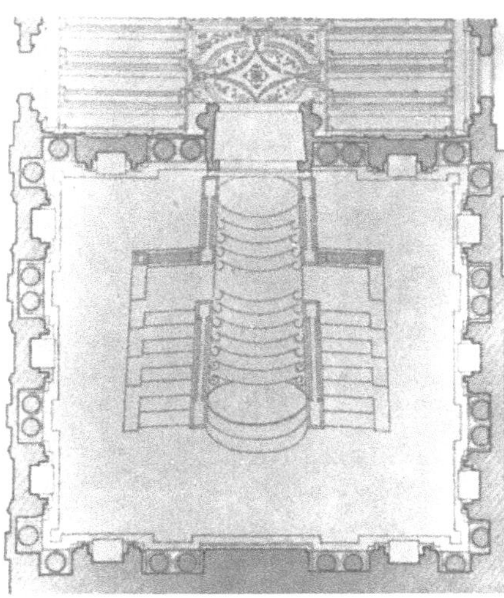

22

chadas de dois vãos carece de unidade, mas reforça a unidade do complexo todo. Seu próprio caráter incompleto sugeria a preponderância do *château* em si e a perfeição do todo.

A basílica, que tem um espaço monodirecional, e a igreja de tipo central, que tem espaço onidirecional, representam tradições alternativas nas plantas de igrejas ocidentais. Mas uma outra tradição acomodou igrejas que são "tanto... como" em resposta a necessidades espaciais, estruturais, programáticas e simbólicas. A planta elíptica maneirista do século XVI é central e direcional. Seu ponto culminante é Sant' Andrea al Quirinale (24), de Bernini, cujo eixo direcional principal contraditoriamente corre sobre o eixo menor. Nikolaus Pevsner mostrou como, em ambas as extremidades do eixo maior da elipse, pilastras, em vez de capelas abertas, dividem ao meio as paredes laterais, reforçando assim o eixo menor na direção do altar. A capela de Borromini na Propaganda Fide (25) é um salão direcional na planta, mas seus nichos alternados neutralizam esse efeito: um grande nicho domina uma pequena extremidade; um pequeno nicho divide ao meio o centro da extensa parede. Os cantos arredondados também chegam a sugerir continuidade de recinto fechado e planta de tipo central. (Essas características ocorrem igualmente no pátio de San Carlo alle Quattro Fontane.) E as nervuras diagonais tipo grade no teto indicam uma estru-

23

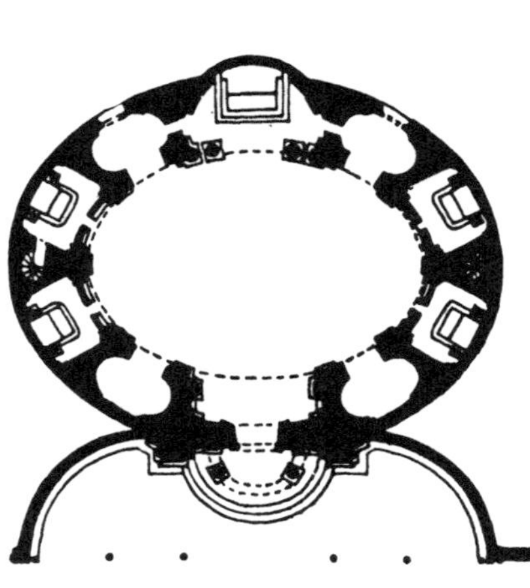

24

tura multidirecional que tanto parece um zimbório quanto uma abóbada. Hagia Sophia, em Istambul, é equívoca de um modo análogo. Seu zimbório central sobre o vão quadrado com pendículos sugere uma igreja de tipo central, mas suas duas absides com meias cúpulas começam formando um eixo longitudinal na tradição da basílica direcional. A planta em formato de ferradura dos teatros de ópera barrocos e neobarrocos concentra-se no palco e na área central do auditório. O foco central da planta elíptica está usualmente refletido no padrão ornamental do teto e no enorme candelabro central; o foco orientado para o palco, na distorção direcional da elipse e nas divisórias entre os camarotes circundantes, assim como na interrupção do próprio palco, é claro, e nas acomodações no poço da orquestra. Isso reflete o foco dual no programa do teatro de ópera: a representação e o público.

San Carlo alle Quattro Fontane (26), de Borromini, é abundante em manifestacões ambíguas de tanto... como. O tratamento quase igual das quatro alas implícito na planta sugere uma cruz grega, mas as alas estão distorcidas na direção do eixo leste-oeste dominante, sugerindo assim uma cruz latina, enquanto a continuidade fluida das paredes indica uma planta circular distorcida. Rudolf Wittkower analisou contradições semelhantes em seção. O padrão do teto nas articulações de suas complexas nervuras

25

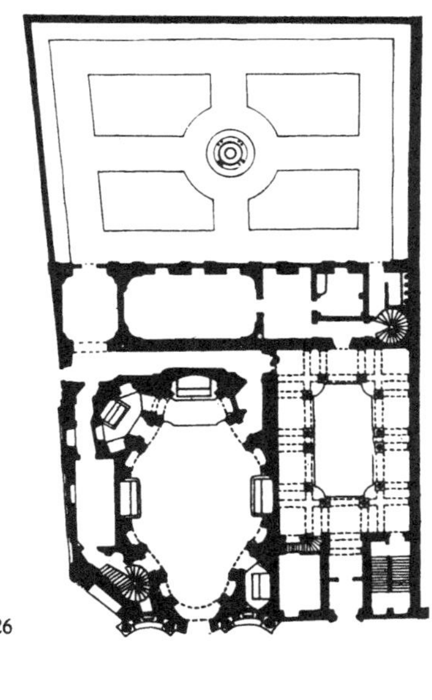

26

sugere uma cúpula sobre pendículos sobre o cruzeiro em cruz grega (27). Mas a forma do teto, em sua continuidade total, distorce esses elementos em paródias deles próprios e sugere mais uma cúpula gerada a partir de uma parede ondulante. Esses elementos distorcidos são, ao mesmo tempo, contínuos e articulados. Numa outra escala, a forma e o padrão também desempenham papéis contraditórios. Por exemplo, o perfil do capitel bizantino (28) o faz parecer contínuo, mas a textura e os padrões vestigiais de volutas e folhas de acanto articulam as partes.

O pórtico com frontão da igreja de S. Jorge, de Nicholas Hawksmoor, em Bloomsbury (29), e o formato geral de sua planta (30) sugerem um eixo norte e sul dominante. Mas a entrada oeste e a torre, a configuração interior dos balcões e a abside leste (que contém o altar), tudo isso sugere, por sua vez, um contra-eixo igual-

28

27

mente dominante. Por meio de elementos contrários e posições distorcidas, essa igreja expressa os contrastes entre os fundos, a frente e os lados da planta em cruz latina e os eixos bidirecionais de uma planta em cruz grega. Essas contradições, que resultaram de condições especiais de localização e orientação, sustentam uma riqueza e uma tensão que faltam em muitas composições mais puras.

A basílica de Vierzehnheiligen (31) tem um altar central sob uma grande cúpula na nave. Nikolaus Pevsner contrastou com muita clareza sua série de cúpulas, distorcidas e sobrepostas na planta em cruz latina, com a colocação convencional de uma única cúpula sobre o cruzeiro. Essa é uma igreja de cruz latina, que é também uma igreja de tipo central por causa da posição inusitada do altar e da cúpula central. Outras igrejas do barroco tardio justapõem o quadrado e o círculo. Os elementos de Bernardo Vitto-

30

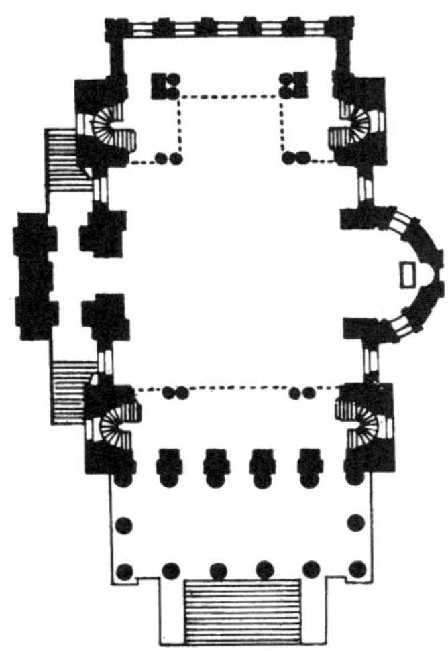

29

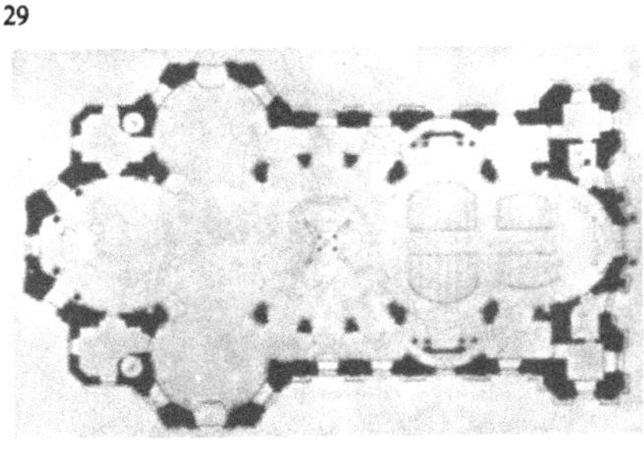

31

ne — ambiguamente pendurões ou pequenas abóbadas de suporte — na nave de S. Maria di Piazza em Turim (32) sustentam o que é, ao mesmo tempo, uma cúpula e uma clarabóia quadrada. Hawksmoor justapõe nervuras em padrões retangulares e elípticos nos tetos de algumas de suas igrejas. Elas criam expressões contraditórias de igrejas de tipo central e direcional. Em algumas salas do Palazzo di Propaganda Fide (33), um amplo arco nos cantos permite que o espaço seja retangular embaixo e contínuo em cima. Isso assemelha-se à configuração do teto de Wren em St. Stephen Walbrook (34).

Nos tetos de seus edifícios seculares (35), Sir John Soane exulta na criação de espaços e estruturas que são tanto retangulares como curvilíneos, estão rematados tanto por cúpulas como por abóbadas. Seus métodos incluem combinações complexas de formas estruturais vestigiais semelhantes a pendículos e abóbadas

33

32

34

de suporte, *oculi* e nervuras. O Museu de Soane (36) emprega um elemento vestigial numa outra dimensão: a divisão por meio de arcos suspensos pelo teto, estruturalmente destituídos de qualquer significado mas espacialmente significativos, define salas que são tanto abertas como fechadas.

A fachada da catedral de Múrcia (37) emprega o que tem sido chamado de inflexão a fim de inspirar amplitude e ao mesmo tempo pequenez. Os frontões quebrados acima dos fustes das colunas estão infletidos na direção um do outro para ajudar a sugerir um imenso portal, espacialmente apropriado à praça abaixo e simbolicamente à região para além do edifício. Entretanto, a divisão da altura compreendida pelo fuste das colunas e das pilastras principais ajusta-se à escala das condições imediatas ao próprio edifício e a sua implantação. Grandeza e pequenez expres-

35

37

36

sam-se imediatamente numa escada característica do Shingle Style, através das distorções em largura e direção. Os espelhos e pisos dos degraus permanecem constantes, é claro, mas a ampliação da área de acesso na base da escada harmoniza-se com o espaçoso salão do térreo, enquanto a área mais estreita no topo da escada concilia-se com o *hall* menor do andar de cima.

A construção em concreto pré-moldado pode ser contínua e, contudo, fragmentária, fluindo em perfil mas com juntas aparentes na superfície. Os contornos de seus perfis entre colunas e vigas podem designar a continuidade do sistema estrutural, mas o padrão de suas juntas preenchidas com argamassa pode apontar para o método fragmentado de sua construção.

A torre da Christ Church, em Spitalfields (38), é uma manifestação de tanto... como na escala da cidade. A torre de Hawksmoor é tanto um muro como uma torre. Frontalmente, junto à base, a perspectiva é rematada pela extensão de suas paredes como se fossem botaréus (39) perpendiculares à rua que se aproxi-

38

39

ma. São vistos unicamente de uma direção. O topo desenvolve-se numa flecha que é vista de todos os lados, dominando espacial e simbolicamente o horizonte da paróquia. Na Sede da Corporação dos Fabricantes de Tecidos de Bruges (40), a escala do edifício relaciona-se com a praça que lhe é contígua, ao passo que a escala violentamente desproporcional da torre está em relação com a cidade toda. Por razões análogas, um grande letreiro está instalado no alto do edifício da Savings Fund Society de Filadélfia e, contudo, é invisível de baixo (41). O Arco do Triunfo em Paris também tem funções contrastantes. Visto diagonalmente a partir de outros acessos radiais que desembocam na Place de l'Étoile, que não o Champs Elysées, é uma terminação escultural. No entanto, visto perpendicularmente do eixo dos Champs Elysées, é espacial e simbolicamente tanto uma terminação como um portal. Analisarei mais adiante algumas contradições organizadas entre frente e fundos. Mas citarei aqui a Karlskirche em Viena (42), cujo exterior contém elementos tanto de basílica, em sua facha-

40

41

da, como de igreja de tipo central, em seu corpo. Uma forma convexa nos fundos era requerida pelo programa interior; o espaço urbano pedia uma escala maior e uma fachada retilínea na frente. A ausência de unidade que se observa no edifício visto isoladamente é contraditada quando o edifício é visto em relação à escala e ao espaço das imediações.

O duplo significado inerente ao fenômeno tanto... como pode envolver metamorfose, bem como contradição. Descrevi o modo como a flecha onidirecional da torre de Christ Church, em Spitalfields, origina-se num pavilhão direcional em sua base, mas também é possível uma espécie mais perceptiva do que formal de mudança de significado. Em relações equívocas, um significado contraditório domina usualmente um outro, mas em composições complexas a relação nem sempre é constante. Isso é particularmente verdadeiro quando o observador caminha através de um edifício ou em torno dele e, por extensão, através de uma cidade: num dado momento, um significado pode ser percebido como dominante; num outro momento, um significado diferente parece ser supremo. Em St. George, Bloomsbury (30), por exemplo, os eixos contraditórios tornam-se alternadamente dominantes ou recessivos quando o observador se desloca em seu interior, de modo que o mesmo espaço muda de significado. Eis uma outra dimensão de "espaço, tempo e arquitetura" que envolve enfoque múltiplo.

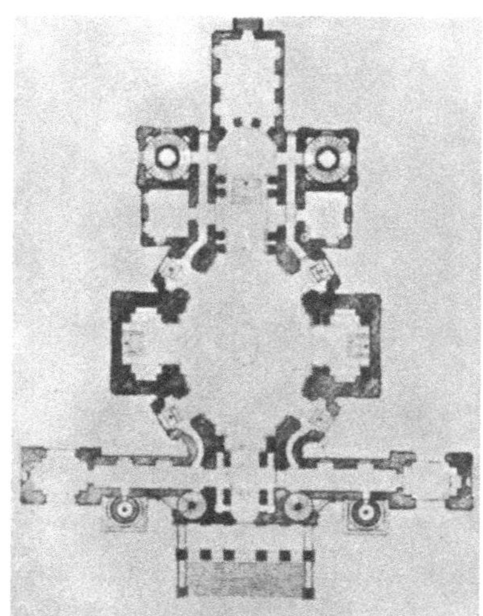

42

5
Níveis contraditórios (continuação): o elemento de duplo funcionamento

Os elementos de "duplo funcionamento"[27] e "tanto... como" estão relacionados, mas há uma distinção: o elemento de duplo funcionamento refere-se mais aos pormenores de uso e estrutura, ao passo que tanto... como diz mais respeito à relação da parte com o todo. Tanto... como enfatiza os duplos sentidos, mais do que as duplas funções. Mas, antes de discorrer acerca do elemento de duplo funcionamento, quero mencionar o edifício multifuncional. Entendo por esse termo o edifício que é complexo em programa e forma mas forte como um todo — a unidade complexa de La Tourette ou o Palácio de Justiça em Chandigarh, de Le Corbusier, em contraste com as multiplicidades e articulações de seu projeto do Palácio dos Sovietes ou do Exército da Salvação em Paris. Essa última abordagem separa as funções em alas interligadas ou pavilhões conjugados, o que era típico da arquitetura moderna ortodoxa. As separações incisivas dos pavilhões no projeto de Mies para o urbano Illinois Institute of Technology podem ser entendidas como um desenvolvimento extremo dessa arquitetura.

O Seagram Building, de Mies e Johnson, exclui todas as funções que não sejam escritórios (exceto no andar térreo nos fundos) e, mediante o uso de um padrão de parede semelhante ao do resto do edifício, camufla o fato de que no topo existe uma espécie diferente de espaço para equipamento mecânico. O projeto de Yamasaki para The World Trade Center em Nova York simplifica de um modo ainda mais exagerado a forma de um enorme complexo. Os típicos arranha-céus de escritórios dos anos 20 diferenciam, em vez de camuflar, o espaço destinado a equipamento mecânico no topo através de formas arquiteturalmente ornamentais. Embora a Lever House inclua espaços para diferentes modalidades funcionais na parte de baixo, separa-os exageradamente do resto do edifício mediante uma falsa junta espacial. Em contraste, um excepcional edifício moderno, o P.S.F.S. (41), dá expressão positiva à variedade e complexidade de seu programa. Ele integra uma loja no primeiro andar e um grande banco no segundo, com escritórios acima e salas especiais no topo. Essas variedades de funções e escalas (incluindo o enorme letreiro publicitário no topo) trabalham dentro de um todo compacto. Sua fachada curva, que contrasta com a retangularidade do resto do edifício, não é apenas um clichê dos anos 30, porque tem uma função urbana. No nível pedestre inferior, dirige e orienta o espaço da esquina.

O edifício multifuncional em sua forma extrema torna-se a Ponte Vecchio, ou Chenonceaux, ou os projetos futuristas de Sant' Elia. Cada um contém em seu todo escalas contrastantes de movimento além das funções complexas. O projeto argelino de Le Corbusier, que é um edifício de apartamentos e uma auto-estrada, e os últimos projetos de Wright para Pittsburgh Point e Bagdá, correspondem à arquitetura de viaduto de Kahn e à "forma coletiva" de Fumihiko Maki. Todos esses projetos têm hierarquias complexas e contraditórias de escala e movimento, estrutura e espaço dentro de um todo. Essas construções são edifícios e pontes ao mesmo tempo. Numa escala mais vasta: uma represa é também uma ponte, o Loop em Chicago é uma fronteira assim como um sistema de circulação, e a rua de Kahn "quer ser um edifício".

Há justificações para a sala multifuncional, assim como para o edifício multifuncional. Uma sala pode ter muitas funções ao mesmo tempo ou em tempos diferentes. Kahn prefere a galeria porque é direcional e não-direcional, um corredor e uma sala ao mesmo tempo. E reconhece as complexidades cambiantes de funções específicas diferenciando salas de um modo geral por meio de uma hierarquia de dimensões e qualidades, qualificando-as como espaços subalternos e principais, espaços direcionais e não-direcionais e outras designações mais genéricas do que específicas. E, em seu projeto para o Centro Comunitário de Trenton, esses espaços acabam por equiparar-se de um modo mais complexo às configurações pré-setecentistas de salas *en suite*. A idéia de corredores e salas cada um com uma única função para comodidade de seus usuários teve origem no século XVIII. Não seriam a separação e a especialização de funções do programa dentro do edifício, características da arquitetura moderna, através do mobiliário integrado e embutido, uma manifestação extrema dessa idéia? Kahn, por implicação, questiona tal especialização rígida e tal funcionalismo limitado. Nesse contexto, "forma evoca função".

A sala multifuncional é uma resposta possivelmente mais verdadeira à preocupação do arquiteto moderno com a flexibilidade. A sala com uma finalidade mais genérica do que específica, e com mobiliário removível em vez de divisórias móveis, propicia uma flexibilidade mais perceptiva do que física e permite a firmeza e a permanência ainda necessárias em nossos edifícios. A ambigüidade válida promove a flexibilidade útil.

O elemento de duplo funcionamento tem sido usado com pouca freqüência na arquitetura moderna. Ao contrário, esta encorajou a separação e a especialização em todas as escalas — tanto em materiais e estrutura quanto em programa e espaço. A "natureza dos materiais" impediu o uso de material multifuncional ou, inversamente, das mesmas forma ou superfície para diferentes materiais. A divergência de Wright em relação a seu mestre começou, de acordo com sua autobiografia, com a aplicação indiscriminada por Louis Sullivan de seus ornamentos característicos: terracota, ferro, madeira ou tijolo. Para Wright, "os projetos apropriados para um material não seriam apropriados para um outro material"[28]. Mas a fachada do dormitório de Eero Saarinen na Universidade da Pensilvânia inclui entre seus materiais e sua estrutura um terrapleno coberto de videiras, parede de tijolo e grades de aço; no entanto, o perfil curvilíneo de sua forma é contínuo. Saarinen superou a obsessão corrente contra o uso de diferentes materiais no mesmo plano ou do mesmo material para duas coisas diferentes. Na pintura de Robert Rauschenberg, *Pilgrim* (42), o padrão de superfície continua da tela na parede para a cadeira real colocada diante dela, tornando ambígua a distinção entre a pintura e o mobiliário e, num outro nível, a obra de arte numa sala. A contradição entre níveis de funcionamento e significado é reconhecida nessas obras, e o veículo é submetido a grande tensão.

Mas para o purista estrutural, assim como para o organicista, a forma estrutural de duplo funcionamento seria execrável por causa da correspondência inexata, ambígua, entre forma e função, forma e estrutura. Em contraste, na Katsura Villa (44), a vara de bambu em tensão e a coluna de madeira em compressão têm formas semelhantes. Para o arquiteto moderno, penso eu, as duas pareceriam sinistramente semelhantes em seção e tamanho, apesar da inclinação atual para o *design* japonês tradicional. A pilastra renascentista (assim como outros elementos estruturais usados de um modo não-estrutural) pode envolver o fenômeno tanto... como em vários níveis. Pode ser, ao mesmo tempo, fisicamente estrutural ou não, simbolicamente estrutural através de associação e composicionalmente ornamental pela promoção de ritmo e também pela complexidade de escala na ordem de grandeza monumental.

Além de especializar as formas em relação a materiais e estrutura, a arquitetura moderna separa e articula elementos. A arquitetura moderna nunca é implícita. Ao promover a moldura e a parede-cortina, separou a estrutura do abrigo. Até mesmo as paredes do Johnson Wax Building estão fechando mas não sustentando. E, ao detalhar, a arquitetura moderna inclinou-se a realçar a

43

44

separação. Até as juntas de dilatação são articuladas e predominam as falsas juntas-sombra. O elemento versátil que faz numerosas coisas ao mesmo tempo é igualmente raro na arquitetura moderna. Significativamente, a coluna é favorecida em detrimento do pilar. Na nave de S. Maria in Cosmedin (45), a forma de coluna resulta de sua função dominante e precisa como um ponto de apoio. Só pode dirigir o espaço incidentalmente em relação a outras colunas ou elementos. Mas os pilares alternantes na mesma nave são intrinsecamente de duplo funcionamento. Encerram e dirigem o espaço, tanto quanto sustentam a estrutura. Os pilares barrocos na capela de Frèsnes (46), residuais como forma e redundantes como estrutura, são exemplos extremos de elementos de duplo funcionamento, simultaneamente estruturais e espaciais.

Os elementos de duplo funcionamento de Le Corbusier e de Kahn podem ser raros em nossa arquitetura. Os *brise-soleils* na Unidade de Habitação em Marselha são estrutura e pórticos, assim como pára-sóis. (São segmentos de parede, pilares ou colunas?) Os grupos de colunas de Kahn e seus pilares abertos "abrigam" espaço para equipamentos e também podem manipular a luz natural, à semelhança das colunas e pilastras ritmicamente complexas da arquitetura barroca. Assim como as vigas expostas no Richards Medical Center (47), esses elementos não são estruturalmente puros nem elegantemente mínimos em se-

45

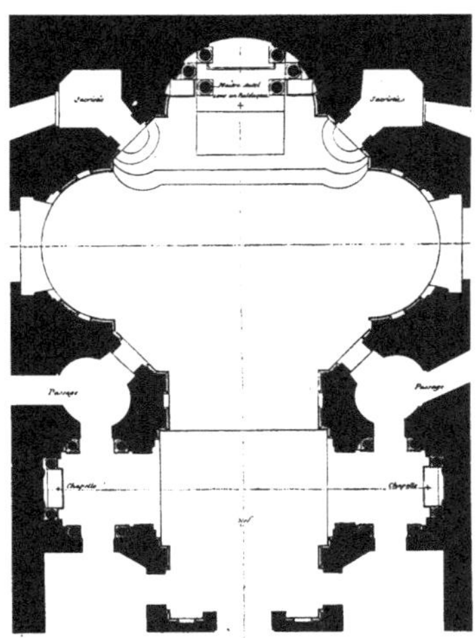
46

47

ção. Pelo contrário, são fragmentos estruturais inseparáveis de um conjunto espacial maior. É válido perceber tensões em formas que não são puramente estruturais, e um componente estrutural pode ser mais do que incidentalmente espacial. (Entretanto, as colunas e as torres de escadas nesse edifício são separadas e articuladas de maneira ortodoxa.)

A construção plana consiste em placas de concreto de profundidade constante e armadura variada, com colunas irregularmente dispostas sem vigas ou remates. Para manter uma profundidade constante, o número de barras metálicas da armadura varia para acomodar as maiores concentrações de cargas sobre a seção constante, sem vigamento. Isso permite, especialmente em prédios de apartamentos, um constante perfil de teto para os espaços debaixo, a fim de acomodar divisórias. As chapas planas são estruturalmente impuras: sua seção não é mínima. As demandas de

48

49

forças estruturais são objeto de ajuste por causa das exigências de espaço arquitetural. A forma segue a função, nesse ponto, de um modo contraditório; a substância segue a função estrutural; o perfil segue a função espacial.

Em algumas construções maneiristas e barrocas em alvenaria, o pilar, a pilastra e o arco de descarga compõem uma fachada mais ou menos uniforme, e a estrutura resultante, como a do Palazzo Valmarana (48), comporta simultaneamente parede e estrutura básica. Os arcos de descarga no Panteão (49), nesse caso não sendo originalmente parte da expressão visual, geram uma parede de duplo funcionamento, do ponto de vista estrutural. Nesse contexto, a basílica romana, a Sagrada Família de Gaudí (50) e Il Redentore de Palladio (51) são totalmente diferentes da basílica na era gótica (52). Em contraste com o arcobotante segregado, a contra-abóbada romana vence vãos, funcionando ao

50

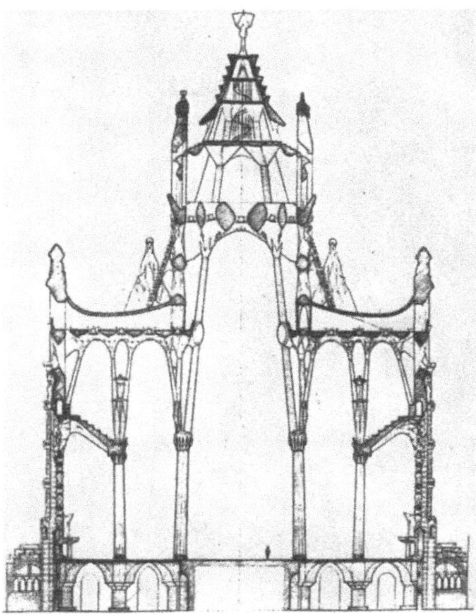

51

mesmo tempo como contraforte, e a sutil invenção de Gaudí dos contrafortes inclinados sustenta o peso da abóbada, assim como alivia o empuxo de uma forma contínua. Os botaréus de Palladio também são frontões quebrados na fachada. Um arcobotante em Santa Clara, em Assis, forma um portal para a *piazza*, assim como um apoio para o edifício.

O elemento de duplo funcionamento pode ser um detalhe. Edifícios maneiristas e barrocos são abundantes em pingadouros

52

54

53

que se convertem em peitoris de janelas, janelas que se transformam em nichos, ornamentos de cornijas que acomodam janelas, cunhais que também são pilastras e arquitraves que produzem arcos (53). As pilastras dos nichos de Michelangelo na entrada da Biblioteca Laurenciana (54) também parecem cantoneiras. As molduras de Borromini nas fachadas dos fundos da Propaganda Fide (55) são tanto frontões como molduras de janelas. As chaminés de Lutyens em Grey Walls (56) são literalmente balizadores

55

56

57

esculturais da entrada, um friso em Gledstone Hall (57) é a extensão de um espelho de degrau na mesma sala, e o patamar da escada em Nashdom é também uma sala.

A estrutura de balão, que foi traçada por Siegfried Giedion, *transforma-se* em todos os níveis. Estrutural e visualmente, evolui de uma armação separada para uma pele que é estrutural e protetora: na medida em que é constituída por módulos de 0,66 × 1,32 m, é uma armação; na medida em que esses módulos são pequenos, unidos, amarrados e cobertos por uma vedação diagonal, converte-se em pele. Essas características intricadas são evidentes no modo como as penetrações se fazem nela e na forma como é terminada. A estrutura de balão é um outro elemento em arquitetura que consiste em numerosas coisas ao mesmo tempo. Representa um método entre dois extremos puros, que se desenvolveu a partir de cada um deles até adquirir características de ambos.

Os elementos convencionais em arquitetura representam um estágio num desenvolvimento evolutivo e contêm, na alteração de seu uso e expressão, parte de seu significado passado, assim como de seu novo significado. O que pode ser chamado o elemento vestigial corresponde ao elemento de duplo funcionamento. Distingue-se de um elemento supérfluo porque contém um duplo significado. Isso é o resultado de uma combinação mais ou menos ambígua do antigo significado, convocado por associações, com um novo significado criado pela função modificada ou nova, estrutural ou programática, e pelo novo contexto. O elemento vestigial desencoraja a clareza de significado e promove, em seu lugar, a riqueza de significado. É uma base para a mudança e o crescimento da cidade, manifestos nos projetos de reurbanização que envolvem edifícios antigos com novos usos tanto programáticos como simbólicos (palácios que se convertem em museus ou embaixadas, por exemplo) e velhos padrões de ruas com novos usos e novas escalas de movimento. Os caminhos das muralhas das fortificações medievais em cidades européias converteram-se em *boulevards* no século XIX; uma seção da Broadway é uma *piazza* e um símbolo, mais do que uma artéria para a região norte do Estado de Nova York. O fantasma da Rua Dock em Society Hill, na Filadélfia, entretanto, é mais um vestígio sem qualquer significado do que um elemento funcional resultante de uma transição válida entre o velho e o novo. Referir-me-ei mais adiante ao elemento vestigial, tal como aparece na arquitetura de Michelangelo e no que poderia ser chamado de arquitetura pop.

O elemento retórico, assim como o elemento de duplo funcionamento, é pouco freqüente na arquitetura recente. Se o segundo desagrada em conseqüência de sua inerente ambigüidade, o retórico ofende o culto ao mínimo da arquitetura moderna ortodoxa. Mas o elemento retórico está justificado como um meio válido, ainda que obsoleto, de expressão. Um elemento pode parecer retórico a partir de um certo ponto de vista, mas, se é válido, enriquece num outro nível o significado ao sublinhá-lo. No projeto de Ledoux para um portão em Bourneville (58), as colunas no arco são estruturalmente retóricas, se não redundantes. Expressivamente, porém, sublinham o caráter abstrato da abertura como um semicírculo, mais do que um arco, e definem ainda a abertura como uma entrada de portão. Como já disse, a escadaria na Academia de Belas-Artes da Pensilvânia, por Furness, é grande demais para seu contexto imediato mas apropriada como um gesto na direção da escala exterior e como um sentido de ingresso. O pórtico clássico é uma entrada retórica. As escadas, colunas e frontões são justapostos à entrada real, em outra escala, situada mais atrás. A entrada de Paul Rudolph no Edifício de Arte e Arquitetura em Yale está na escala da cidade; a maioria das pessoas usa a pequena porta lateral na torre da escada.

58

Grande parte da função do ornamento é retórica — como o uso de pilastras barrocas para ritmo e as pilastras soltas de Vanbrugh no pátio da cozinha em Blenheim (59), as quais constituem uma ostentação arquitetônica. É muito raro na arquitetura moderna o elemento retórico que também seja estrutural, embora Mies tenha usado a retórica viga de aço em I com uma segurança que faria Bernini morrer de inveja.

59

6

Acomodação e as limitações de ordem: o elemento convencional

*Em suma, as contradições devem ser aceitas.**

Uma ordem válida acomoda as contradições circunstanciais de uma realidade complexa. Não só acomoda mas também impõe. É por isso que admite "controle *e* espontaneidade", "correção *e* desenvoltura" — improvisação dentro do todo. Tolera restrições e ajustes. Não existem leis fixas em arquitetura, mas nem tudo funcionará num edifício ou numa cidade. O arquiteto deve decidir, e essas avaliações sutis estão entre suas principais funções. Ele deve determinar o que deve funcionar e o que é suscetível de ajuste, no que é possível transigir, quando e onde. Ele não ignora ou exclui inconsistências de programa e estrutura dentro da ordem.

Enfatizei esse aspecto de complexidade e contradição que decorre mais da instrumentalidade do que do programa do edifício. Destacarei agora a complexidade e a contradição que se desenvolvem em decorrência do programa e que refletem as complexidades e as contradições inerentes à própria existência. É óbvio que na prática as duas coisas estão interligadas. As contradições podem representar a inconsistência excepcional que modifica a ordem que, sob todos os outros aspectos, é consistente, ou podem representar inconsistências que afetam a ordem como um todo. No primeiro caso, a relação entre a inconsistência e a or-

* David Jones, Epoch and Artist, Chilmark Press, Nova York, 1939.

dem acomoda exceções circunstanciais à ordem ou justapõe elementos particulares e gerais de ordem. Nesse caso, estrutura-se e desenvolve-se uma ordem que depois é desmontada, mas o desmonte ocorre a partir de uma posição de força e não de fraqueza. Descrevi esse relacionamento como "contradição acomodada". A relação de inconsistência dentro do todo é por mim considerada uma manifestação de "o todo difícil", que examinarei no último capítulo.

Mies refere-se a uma necessidade de "criar ordem a partir da desesperada confusão de nosso tempo". Mas Kahn disse que "por ordem não entendo algo metódica e sistematicamente ordenado". Não devemos resistir a deplorar a confusão? Não devemos procurar um significado nas complexidades e contradições do nosso tempo e reconhecer as limitações de sistemas? São essas, penso eu, as duas justificações para transgredir a ordem: o reconhecimento de variedade e confusão dentro e fora, no programa e no ambiente, e na verdade em todos os níveis de experiência; e a limitação irrevogável de todas as ordens compostas pelo homem. Quando as circunstâncias desafiam a ordem, a ordem deve ceder ou quebrar: anomalias e incertezas dão validade à arquitetura.

O significado pode ser realçado por uma transgressão da ordem; a exceção confirma a regra. Um edifício sem uma parte "imperfeita" pode não ter nenhuma parte perfeita, porque o contraste sustenta o significado. Uma discordância hábil dá vitalidade à arquitetura. Pode-se levar totalmente em conta as contingências, mas estas não podem prevalecer totalmente. Se a ordem sem uma adequação a determinados fins gera um formalismo rígido, a subordinação incondicional a determinados fins sem ordem significa, é claro, o caos. A ordem deve existir antes que possa ser quebrada. Nenhum artista pode subestimar o papel da ordem como um modo de ver um todo pertinente a suas próprias características e contexto. "Não existe nenhuma obra de arte sem um sistema", é a sentença de Le Corbusier.

Com efeito, uma propensão para transgredir a ordem pode justificar seu exagero. Um formalismo válido, ou uma espécie de arquitetura de papel nesse contexto, compensa as distorções, expedientes e exceções nas partes circunstanciais da composição ou as violentas sobreposições em contradições justapostas. Na arquitetura recente, Le Corbusier na Villa Savoye, por exemplo, acomoda as excepcionais inconsistências circunstanciais numa ordem dominante e, quanto ao mais, rígida. Mas Aalto, em contraste com Le Corbusier, quase parece criar a ordem a partir das inconsistências, como pode ser visto no Centro Cultural em Wolfsburg. Um exemplo histórico talvez ajude a ilustrar essa relação de ordem e exceção. A aplicação de arcos e pilastras no Palazzo Tarugi (60) mantém-se contra as súbitas imposições de "extravagantes" janelas e vazios assimétricos. A ordem exagerada e, portanto, a unidade exagerada, a par de certas características de escala, são o que fazem a monumentalidade no *palazzo* italiano e em algumas das obras de Le Corbusier. As oposições circunstanciais em suas composições constituem, porém, o segredo de seu tipo de monumentalidade — que não é árida nem pomposa. Embora a ordem de Aalto não seja tão facilmente apreendida à primeira vista, ela envolve relações similares de ordem e o circunstancial.

60

61

Em engenharia, é a ponte (61) que expressa nitidamente o jogo de uma ordem exageradamente pura contra inconsistências circunstanciais. A ordem direta, geométrica, da estrutura superior, derivada da simples e exclusiva função de transportar veículos sobre um vão uniforme, contrasta fortemente com a excepcional acomodação da ordem estrutural inferior, a qual, mediante a distorção — o conveniente recurso a pilares mais alongados ou mais curtos — acomoda a ponte ao terreno irregular da ravina.

Um jogo de ordem e conciliação também sustenta a idéia de renovação em construção e de evolução em planejamento urbano. Com efeito, a mudança no programa de edificações existentes é um fenômeno válido e uma importante fonte da contradição que estou endossando. Muitas composições que reconhecem as exceções circunstanciais, como o Palazzo Tarugi, resultam de renovações que mantêm uma expressão do todo. À primeira vista, boa parte da riqueza do cenário urbano italiano resulta da tradição de modificar ou modernizar de tantas em tantas gerações os interiores dos andares térreos comerciais, por exemplo, com os bares contemporâneos de requintada elegância, localizados na moldura de velhos palácios. Mas a ordem original do edifício deve ser forte. Uma considerável dose de desordem não conseguiu destruir o espaço da Grand Central Station, mas a introdução de um elemento estranho põe em dúvida todo o efeito de algumas construções modernas. Nossos edifícios devem sobreviver às máquinas automáticas de vender cigarros.

Estive me referindo a um nível de ordem em arquitetura — aquela ordem individual que está relacionada com o edifício específico de que faz parte. Mas existe convenção em arquitetura, e a convenção pode ser outra manifestação de uma ordem exageradamente forte e de âmbito mais geral. Um arquiteto deve usar a convenção e insuflar-lhe brilho e vivacidade. Quero dizer com isso que ele deve usar a convenção de maneira não convencional. Entendo por convenção os elementos e métodos de construção. Elementos convencionais são aqueles comuns em sua manufatura, forma e uso. Não me refiro aos sofisticados produtos de *design* industrial, geralmente belos, mas ao vasto acúmulo de produtos correntes, anonimamente criados, que estão ligados à arquitetura e à construção, e também aos elementos de exposição comercial que certamente são banais ou vulgares em si mesmos e raras vezes associados à arquitetura.

A principal justificação para elementos vulgares na ordem arquitetônica é sua própria existência. Eles são o que temos. Os arquitetos podem deplorar ou tentar ignorá-los ou mesmo tentar aboli-los, mas eles não desaparecerão. Ou não desaparecerão por muito tempo, porque os arquitetos não têm o poder de substituí-los (nem sabem com o que substituí-los) e porque esses elementos vulgares ajustam-se às necessidades existentes de variedade e comunicação. Os velhos chavões envolvendo banalidade e desordem ainda serão o contexto de nossa nova arquitetura, e nossa nova arquitetura será, significativamente, o contexto para eles. Estou adotando uma perspectiva limitada, admito, mas essa perspectiva limitada, que os arquitetos tendem a menosprezar, é tão importante quanto a perspectiva visionária, que eles tendem a glorificar mas não lograram expressar. O plano a curto prazo, que adequadamente combina o velho e o novo, deve acompanhar o plano a longo prazo. A arquitetura é evolucionária, tanto quanto revolucionária. Como arte, reconhecerá o que é e o que deve ser, o imediato e o especulativo.

Os historiadores mostraram como os arquitetos em meados do século XIX inclinaram-se a ignorar ou a rejeitar desenvolvimentos tecnológicos quando relacionados à escultura e a métodos não ligados à arquitetura e indignos dela; eles substituíram, sucessivamente, o revivalismo gótico, o revivalismo acadêmico e o movimento artesanal. Estaremos proclamando hoje a tecnologia avançada, ao mesmo tempo que excluímos os elementos imediatos, vitais, ainda que vulgares, comuns a nossa arquitetura e paisagem? O arquiteto deve aceitar os métodos e os elementos de que já dispõe. Fracassa com freqüência quando tenta *per se* a busca de uma forma promissoramente nova e a pesquisa de técnicas promissoramente avançadas. As inovações técnicas requerem investimentos em tempo, especialização e dinheiro que não estão ao alcance do arquiteto, pelo menos em nosso tipo de sociedade. O problema com os arquitetos do século XIX residia menos no fato de terem deixado a inovação para os engenheiros do que em terem ignorado a revolução técnica desenvolvida por outros. Os arquitetos atuais, em sua compulsão visionária para inventar novas técnicas, negligenciaram sua obrigação de serem especialistas nas convenções existentes. O arquiteto, é claro, é responsável pelo como e pelo o quê em seu edifício, mas o papel inovador está primordialmente em o quê; sua experimentação está limitada mais a sua organização do todo do que a técnica nas partes. O arquiteto seleciona tanto quanto cria.

Essas são razões pragmáticas para se usar a convenção em arquitetura, mas também existem justificações expressivas. O principal trabalho do arquiteto é a organização de um todo único através de partes convencionais e a judiciosa introdução de novas partes quando as antigas não bastarem. A psicologia da Gestalt afirma que o contexto contribui para o significado de uma parte e a mudança no contexto causa mudança no significado. Assim, o arquiteto, através da organização das partes, cria-lhes contextos significativos dentro do todo. Através da organização não convencional de partes convencionais, ele está apto a criar novos significados dentro do todo. Se ele usa a convenção de um modo não convencional, se organiza as coisas familiares de um modo não familiar, está mudando seus respectivos contextos e pode usar até o clichê para obter um novo efeito. As coisas familiares vistas num contexto não familiar tornam-se perceptivamente novas, assim como perceptivamente velhas.

Os arquitetos modernos exploraram o elemento convencional somente de forma limitada. Se não o rejeitaram totalmente como obsoleto ou banal, adotaram-no como simbólico da progressiva ordem industrial. Mas raramente usaram o elemento comum num contexto único e de um modo incomum. Wright, por exemplo, empregou quase sempre elementos únicos e formas únicas que representavam sua abordagem pessoal e inovadora da arquitetura. Elementos secundários, como ferragens Schlage ou peças de encanamento Kohler & Kohler, cujo uso nem mesmo Wright foi capaz de evitar, são interpretados como lamentáveis concessões dentro da ordem particular de seus edifícios, os quais são coerentes sob todos os demais aspectos.

Gropius, entretanto, em seus primeiros trabalhos, empregou formas e elementos baseados num consistente vocabulário industrial. Assim, reconheceu a padronização e promoveu sua estética da máquina. A inspiração para janelas e escadas, por exemplo, veio da arquitetura fabril corrente, e esses edifícios pareciam-se, de fato, com fábricas. Mies, em sua última fase, emprega os elementos estruturais da arquitetura vernácula industrial americana e também os de Albert Kahn com inconsciente ironia: os elegantes componentes da estrutura são derivados dos catálogos de fabricantes de aço; expressam-se como estruturas expostas mas são ornamento numa armação resistente ao fogo; e constituem espaços fechados e complexos, em vez dos simples espaços industriais para os quais foram originalmente projetados.

Foi Le Corbusier quem justapôs *objets trouvés* e elementos banais, como a cadeira de Thonet, a cadeira de diretor, os radiadores em ferro fundido e outros objetos industriais, às formas sofisticadas de sua arquitetura sem qualquer senso de ironia. A estátua da Virgem do século XIX dentro da janela da parede leste da Capela de Ronchamp é um vestígio da antiga igreja que existiu no local. Além de seu valor simbólico, representa um objeto banal de escultura nitidamente realçado por seu novo ambiente. Bernard Maybeck é o único arquiteto, em tempos recentes, a empregar combinações contraditórias de elementos industriais vernáculos e elementos estilísticos ecléticos (por exemplo, vidraça industrial e rendilhado gótico nas janelas) num mesmo edifício. O uso não convencional da convenção é, quanto ao mais, quase desconhecido em nossa arquitetura recente.

Os poetas, de acordo com Eliot, empregam "essa perpétua e trivial alteração de linguagem, palavras perpetuamente justapostas em novas e súbitas combinações"[29]. Wordsworth escreve em seu prefácio para as *Lyrical Ballads* acerca da escolha de "incidentes e situações da vida comum, para que coisas vulgares sejam apresentadas ao espírito num aspecto inabitual"[30]. E Kenneth Burke referiu-se à "perspectiva por incongruência"[31]. Essa técnica, que parece básica para o veículo da poesia, tem sido usada agora num outro veículo. O pintor pop dá um significado incomum a elementos comuns mudando-lhes o contexto ou aumentando-lhes a escala. Através do "envolvimento na relatividade da percepção e na relatividade de significado"[32], antigos lugares-comuns em novos contextos adquirem ricos significados que são ambiguamente velhos e novos, banais e brilhantes.

O valor de tais significados contraditórios foi reconhecido

tanto na arquitetura evolucionária quanto na revolucionária — desde as colagens de fragmentos da arquitetura pós-romana, a chamada arquitetura Spolium, na qual capitéis de colunas são usadas como bases, por exemplo, até ao próprio estilo Renascença, onde o antigo vocabulário romano clássico foi empregado em novas combinações. E James Ackerman descreveu Michelangelo como tendo "raramente adotado um tema [em sua arquitetura] sem lhe dar uma nova forma ou um novo significado. Contudo, ele reteve invariavelmente características essenciais de antigos modelos para forçar o observador a recordar a fonte ao mesmo tempo que desfrutava das inovações"[33].

A convenção irônica é relevante para o edifício individual e para a paisagem urbana. Reconhece a condição real de nossa arquitetura e seus *status* em nossa cultura. A indústria promove dispendiosas pesquisas industriais e eletrônicas mas nenhum experimento arquitetônico, e o governo federal direciona os subsídios para transporte aéreo, comunicações e gigantescos empreendimentos ligados à indústria bélica ou, como eles dizem, à segurança nacional, em vez de destinar recursos para aquelas forças que promovem diretamente o bem-estar e a valorização da vida. O arquiteto deve admitir isso. Em termos simples, os orçamentos, as técnicas e os programas para seus edifícios devem aparentar-se mais com 1866 do que com 1966. Os arquitetos devem aceitar seu modesto papel em vez de disfarçá-lo e correrem o risco do que poderíamos chamar um expressionismo eletrônico, o qual se equipararia ao expressionismo industrial do começo da arquitetura moderna. O arquiteto que aceitar seu papel como combinador de velhos clichês significativos — banalidades válidas — em novos contextos como sua condição numa sociedade que dirige seus melhores esforços, suas gigantescas verbas e suas elegantes tecnologias para outros fins pode ironicamente expressar desse modo indireto uma verdadeira preocupação com a escala invertida de valores da sociedade.

Aludi às razões por que elementos ordinários em nossa arquitetura e paisagem urbana estão fadados a permanecer, especialmente na importante visão a curto prazo, e por que tal circunstância deve ser aceitável. A pop art demonstrou que esses elementos vulgares são, com freqüência, a principal fonte da variedade e da vitalidade ocasionais de nossas cidades e que não é sua banalidade ou vulgaridade enquanto elemento que favorece a banalidade ou vulgaridade da cena toda, mas, pelo contrário, suas relações contextuais de espaço e escala.

Uma outra implicação significativa da pop art envolve método em planejamento urbano. Arquitetos e urbanistas que denunciam com irritação a paisagem urbana convencional por sua vulgaridade ou banalidade promovem métodos elaborados para abolir ou disfarçar os elementos inferiores na paisagem existente ou para excluí-los do vocabulário de suas novas paisagens urbanas. Mas fracassam, em grande parte, nesse esforço para melhorar ou fornecer um substituto para o cenário existente, porque tentam o impossível. Ao tentarem muito mais do que está a seu alcance, expõem sua impotência e põem em risco sua contínua influência como supostos especialistas. Não pode o arquiteto e urbanista, mediante pequenos ajustes nos elementos convencionais da paisagem urbana, existentes ou supostos, promover efeitos significativos? Modificando ou adicionando elementos convencionais a ainda outros elementos convencionais podem, por um deslocamento de contexto, obter o máximo efeito através de um mínimo de meios. Podem fazer-nos ver as mesmas coisas de um modo diferente.

Finalmente, a padronização, à semelhança da convenção, pode ser uma outra manifestação da ordem forte. Mas, em vez da convenção, ela foi aceita na arquitetura moderna como um produto enriquecedor fornecido por nossa tecnologia, se bem que temido por sua dominação ou brutalidade potencial. Mas não é a padronização sem acomodação circunstancial e sem uso criativo do contexto que deveria ser temida muito mais do que a própria padronização? As idéias de ordem e circunstância, convenção e contexto — de emprego da padronização de um modo não padronizado — aplicam-se a nosso contínuo problema de padronização *versus* variedade. Giedion escreveu a respeito da "combinação ímpar em Aalto de padronização com irracionalidade, de modo que a padronização passou de senhora a criada"[34]. Prefiro pensar na arte de Aalto mais como contraditória do que irracional — um engenhoso reconhecimento do circunstancial e do contextual, assim como dos inevitáveis limites da ordem de padronização.

7

A contradição adaptada

As fachadas de duas *villas* napolitanas do século XVIII expressam dois gêneros, ou duas manifestações, de contradição. Na Villa Pignatelli (62), as molduras das janelas, que afundam, tornam-se imediatamente cornijas diretas e coroas de janela. Na Villa Palomba (63), as janelas, que ignoram o sistema de sacada fechada e perfuram os panos de parede exterior, estão colocadas de acordo com necessidades interiores. As molduras na primeira

62

63

villa adaptam-se facilmente a suas funções contraditórias. As janelas da segunda *villa* chocam-se violentamente com as configurações dos panos e o ritmo das pilastras: a ordem interior e a ordem exterior estão numa relação inflexivelmente contraditória.

Na primeira fachada, a contradição é adaptada pela acomodação e pelo ajuste entre seus elementos; na segunda fachada, a contradição é justaposta pelo uso de elementos sobrepostos ou adjacentes contrastantes. A contradição adaptada é tolerante e flexível. Admite improvisação. Envolve a desintegração de um protótipo — e termina em aproximação e qualificação. Por outro lado, a contradição justaposta é inflexível. Contém contrastes violentos e oposições intransigentes. A contradição adaptada termina num todo que talvez seja impuro. A contradição justaposta termina num todo que talvez esteja por resolver.

Esses tipos de contradição ocorrem na obra de Le Corbusier. Os contrastes nas plantas da Villa Savoye (5) e do Edifício da Assembléia em Chandigarh (64) correspondem aos dos alçados da

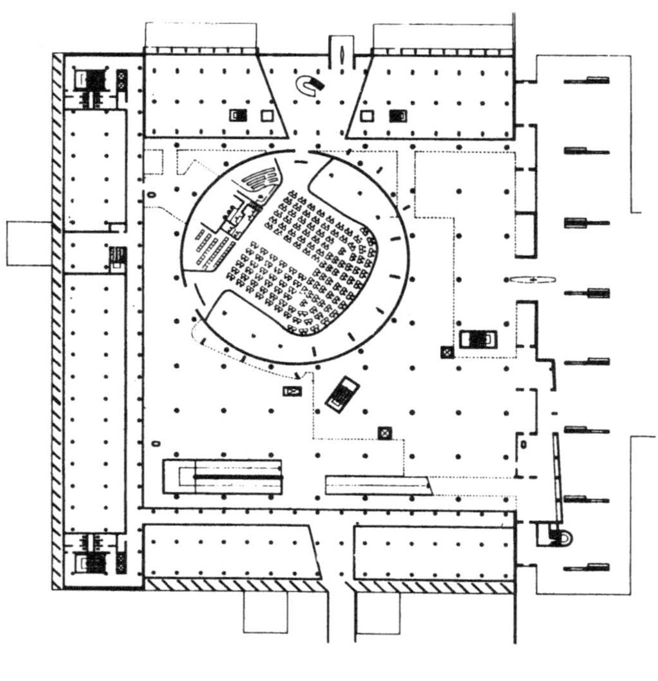

64

Villa Pignatelli e da Villa Palomba. Na Villa Savoye, as posições de algumas das colunas no sistema de vão retangular ajustam-se levemente a fim de acomodar-se a determinadas necessidades espaciais — uma coluna é deslocada e uma outra retirada. Embora no edifício da Assembléia a malha de colunas também se ajuste à excepcional forma plástica do plenário, na justaposição entre este e a malha eles não se adaptam — a justaposição é violenta e intransigente não só na planta mas também em seções em que o plenário parece ter sido violentamente lançado sobre a malha (65).

Afirmou Kahn: "O papel do *design* é ajustar-se ao circunstancial". Os retângulos interiores das plantas do palácio de Palladio são freqüentemente distorcidos em configurações não-retangulares a fim de se ajustarem aos padrões das ruas de Vicenza. As tensões resultantes conferem aos edifícios uma vitalidade que não se vê em seus modelos ideais ilustrados nos *Quattro Libri.* No Palazzo Massimi (66), uma distorção curvilínea, em vez de angular, acomodou a fachada à rua, a qual também descrevia

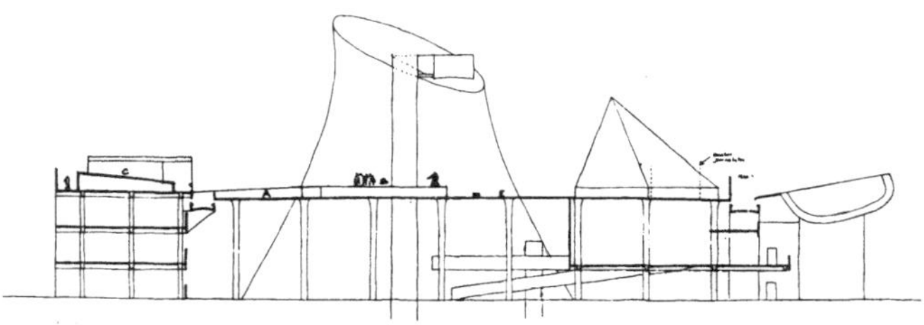

65

66

uma curva antes de ser transformada no século XIX. No típico telhado de duas águas quebradas, a necessidade de acomodar espaço habitável dentro de um ângulo de telhado essencialmente determinado por funções estruturais e de drenagem resulta numa eloqüente distorção do teto de duas águas original. Esses exemplos são distinguíveis das distorções expressionistas do rococó ou do expressionismo alemão, em que o distorcido não é contrastado com o não-distorcido.

Além da distorção circunstancial, existem outras técnicas de adaptação. O recurso da adaptabilidade é um elemento em toda a arquitetura anônima que depende de uma forte ordem convencional. É usado para ajustar a ordem a circunstâncias que lhe são contraditórias: tais circunstâncias são, com freqüência, de natureza topográfica. O consolo na casa em Domegge (67) é um recurso que facilita a tensa transição da fachada simétrica para o telhado de duas águas simétricas e, ao mesmo tempo, acomoda a projetura assimétrica do lado direito. Um vigoroso jogo de ordem e do circunstancial é, de fato, uma característica de toda a arquitetura italiana, com suas audaciosas contradições de monumentalidade e conveniência. A coluna ornamental no centro do portal

67

68

interior em Vézelay (68), que é uma escora para a luneta da nave central, interrompe o eixo até o altar. É um recurso de adaptabilidade que se tornou importante. As vigas extraordinariamente fundas sobre o grande vão do ginásio no projeto de Kahn para o Centro Comunitário de Trenton são expedientes excepcionais para manter a coesão dos domos do telhado. Manifestam-se na planta pelas colunas intercaladas que as sustentam (69). A obra de Lutyens é abundante em expedientes: o recorte lateral da casa chamada The Salutation, em Sandwich (70), é um recurso espacial conveniente. Pela introdução de iluminação natural no patamar da escada central, quebra-se a ordem e causa-se surpresa no prisma clássico da casa. (Em algumas das pinturas de Jasper Johns, o recurso é explicitado de modo semelhante por meio de setas e notações.)

Le Corbusier é hoje um mestre da exceção importante, uma outra técnica de acomodação. Ele quebra a ordem dos vãos no andar térreo da Villa Savoye (5) ao deslocar uma coluna e remover uma outra, como já mostrei, para acomodar circunstâncias excepcionais envolvendo espaço e circulação. Nessa eloqüente acomodação, Le Corbusier confere mais ênfase e vivacidade à regularidade dominante da composição.

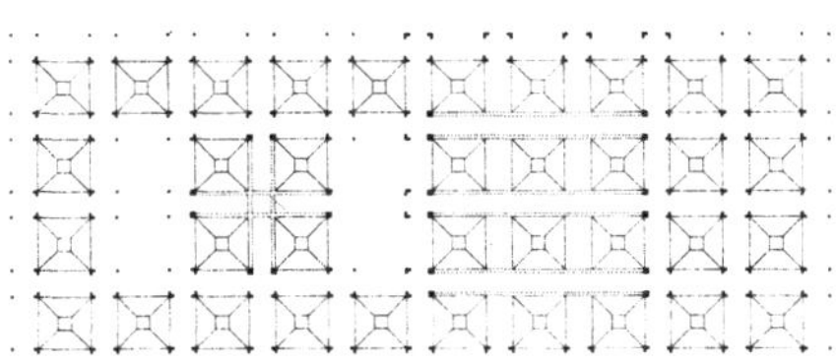

69

70

A localização excepcional das janelas, tal como a importante exceção nas colunas, costuma produzir uma simetria alterada. Por exemplo, as janelas em Mount Vernon (71) não obedecem a um padrão simétrico exato. Pelo contrário, o padrão de janelas é o resultado de renovações anteriores e quebra a ordem dominante do frontão central e das alas simétricas. Na "Casa Baixa" (72) de McKim, Mead e White, as posições flagrantemente excepcionais das janelas na fachada norte contradisseram a consistente ordem simétrica do formato exterior, de modo a admitir as complexidades circunstanciais de seu programa interior. As relações muito sutilmente distorcidas das janelas na casa de H. H. Richardson para Henry Adams em Washington (73) refletiram as circunstâncias particulares das funções privadas internas; mantiveram, entretanto, a regularidade e a simetria exigidas pela função pública de um edifício monumental na Lafayette Square. Aí, o sutil acordo entre ordem e circunstância, exterior e interior, funções privadas e públicas, produziu ritmos ambíguos e tensões vibrantes na fachada.

As variadas aberturas no Palazzo Tarugi (60), excepcionais na forma e na posição, quebram a ordem dominante de pilastras

71

72

do exterior, na típica moda italiana. Lewis Mumford, num seminário na Universidade da Pensilvânia em 1963, comparou a posição excepcional das janelas na fachada sul do Palácio dos Doges com a fachada de janelas da Embaixada Americana em Londres, de Eero Saarinen. Os ritmos consistentes e dominantes no edifício da Embaixada tendem a negar as complexidades circunstanciais dentro de seu programa moderno e a expressar a pureza seca de uma burocracia cívica. A ala da capela em Versalhes é uma memorável exceção para além da escala de colunas ou janelas. Por meio de sua posição, forma e altura, contribui com vitalidade e valor para a ordem simétrica dominante do todo, uma vitalidade que falta manifestamente em Caserta, por exemplo, onde a ordem exterior do enorme e complexo palácio é inteiramente coerente.

Na arquitetura moderna, trabalhamos por tempo demais submetidos às restrições de formas retangulares rígidas, supostamente resultantes das exigências técnicas da estrutura e das paredes-divisórias produzidas em massa. Ao contrastar o Seagram Building (74), de Mies e Johnson, com o projeto de Kahn para

73

74

uma torre de escritórios na Filadélfia (75), pode-se ver que Mies e Johnson rejeitam todas as contradições de contraventamento diagonal, a favor de uma expressão de estrutura retilínea. Kahn disse certa vez que o arranha-céu da Seagram era como uma bela senhora com um espartilho escondido. Kahn, em contraste, expressa o contraventamento — mas à custa de elementos verticais como o elevador e até mesmo dos espaços para pessoas.

Em muitas obras de Le Corbusier e Aalto, entretanto, é alcançado um equilíbrio ou, talvez, uma tensão entre a retilinearidade das técnicas *standard* e a diagonal que expressa condições excepcionais. Em seus apartamentos de Bremen (76), Aalto tomou a ordem retangular da unidade residencial básica de Le Corbusier, a qual forma suas placas de apartamentos sobrepostas em grande número de andares (77), e distorceu-a a fim de orientar para o sul a unidade habitacional, para a luz e para a vista. As escadas de frente para o norte e as áreas de circulação permanecem estritamente retilíneas na planta. Mesmo nas unidades mais extremas é mantida uma essencial retilinearidade e regularidade de espaço. E no Centro Cultural de Wolfsburg (78), de Aalto, a configuração re-

75

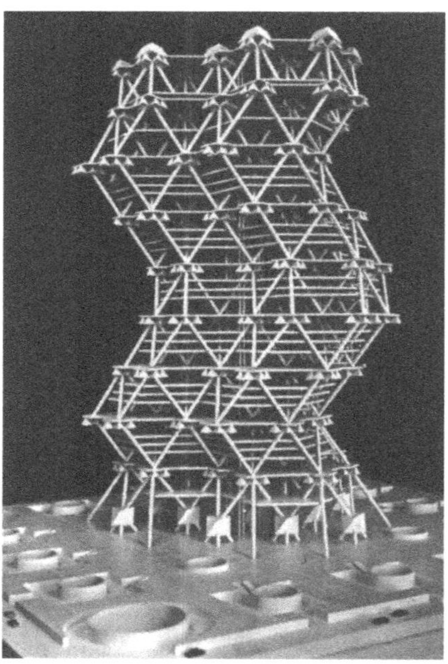

76

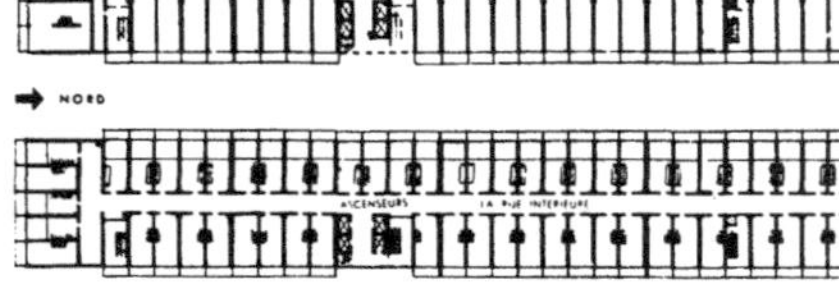

77

tangular da composição toda é claramente mantida quando ele organiza as formas necessariamente diagonais dos auditórios.

Isso é diferente do projeto da Casa Goldenberg (79), de Kahn, onde a diagonal excepcional é, em parte, um elemento do padrão estrutural e parte espacial, para formar uma série de espaços que envolvem continuamente os cantos do edifício, em vez de um lado se sobrepor ao outro.

Mies não consente que nada perturbe a consistência de sua ordem, do ponto, da linha e do plano de seus pavilhões sempre completos. Se Wright camufla suas exceções circunstanciais, Mies as exclui: menos é mais. A partir de 1940, Mies deixou de usar inteiramente a diagonal circunstancial, e em sua série de projetos de casas-pátio da década de 1930 (80) a diagonal é mais uma função do plano livre do que uma condição do circunstancial. Uma vez que a diagonal é mais dominante do que condicional e está mais ou menos contida em sua moldura retangular, há pouca tensão entre as diagonais e os retângulos. As cordas diagonais das armações nos edifícios de grande vão de Mies não constituem, é claro, exceções circunstanciais.

78

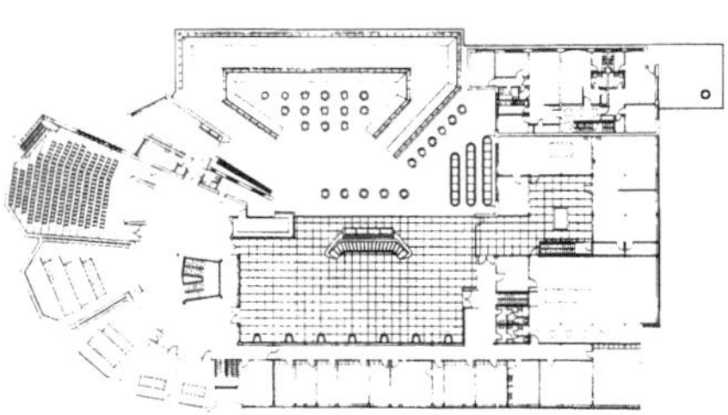

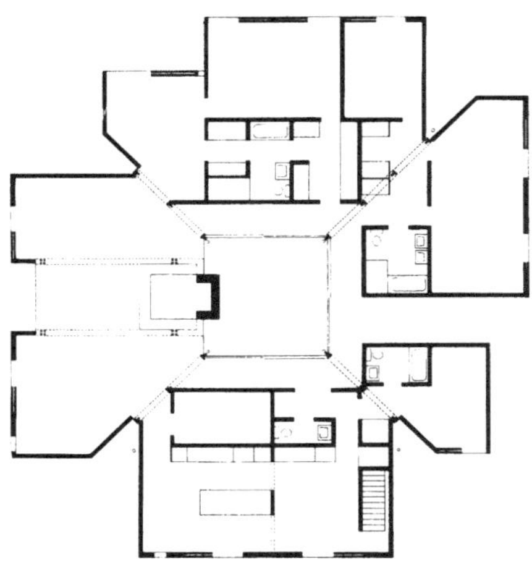

79

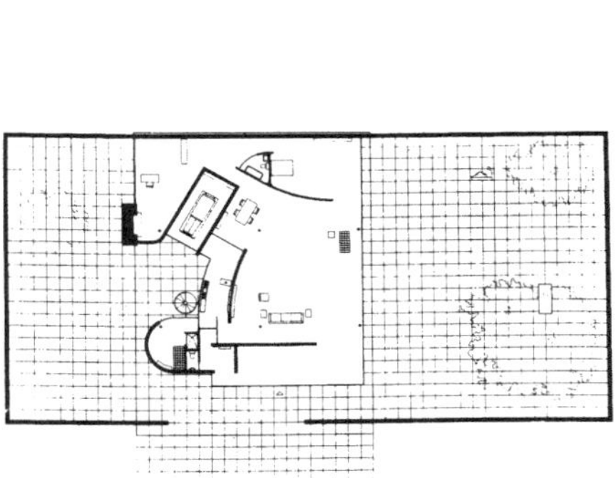

80

Na Villa Savoye, uma vez mais, a diagonal excepcional da rampa é claramente expediente em seção e elevação (12) e permite a Le Corbusier criar uma forte oposição à ordem regular dos vãos de colunas e invólucro. Essa atitude contrasta abertamente com a de Wright, cuja insistência na continuidade horizontal à custa de tudo o mais é muito conhecida. Até mesmo na escada incomumente exposta da Casa Fallingwater (Queda de Água) (81), Wright suprime todas as diagonais: não há pernas ou corrimãos, mas apenas os planos horizontais do piso dos degraus e as linhas verticais das barras que sustentam a escada. Do mesmo modo, no interior (82), Wright esconde as escadas entre paredes (como faz em virtualmente todas as suas casas), ao passo que Le Corbusier se compraz nas diagonais da rampa e na diagonal contínua da escada em espiral (5, 83). Já vimos como Le Corbusier concilia intimamente a arquitetura com as necessidades excep-

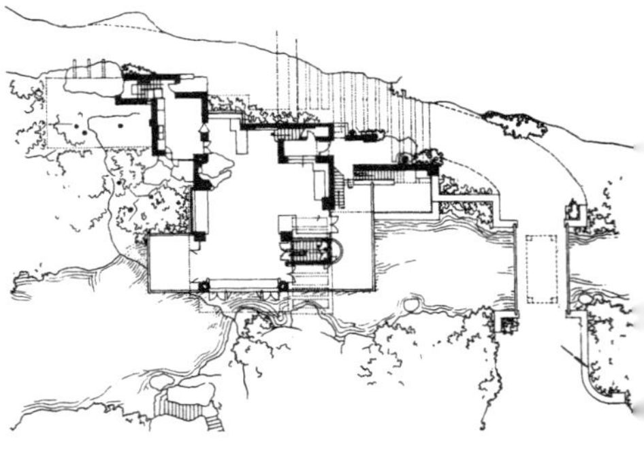

81

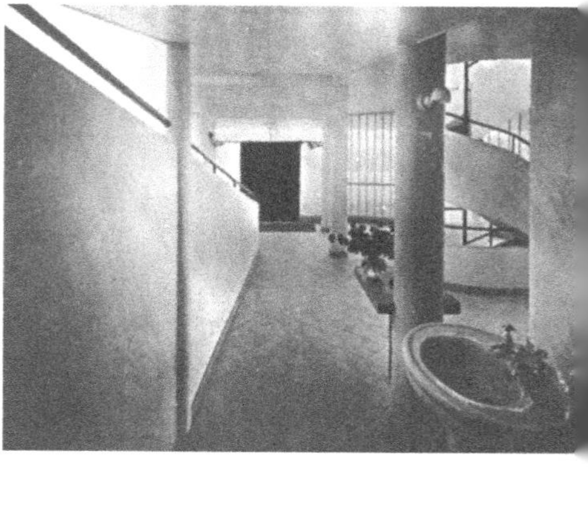

cionais do automóvel na Villa Savoye (84). Mas a ordem de Wright não permite inconsistências: a ponte é perpendicular e análoga à ordem da casa, e o caminho curvo dos automóveis não é levado em consideração. A via de acesso para veículos é como um caminho no bosque pontilhado relutantemente na planta (82, 85). Que o carro possa fazer a curva é quase fortuito.

A diagonal, quando sugerida por circunstâncias internas ou externas, raras vezes é discordante. Oculta-se dentro da ordem ou então domina a composição como um motivo. No projeto da Vigo Schmidt House, a diagonal torna-se parte do módulo triangular global. Na David Wright House, o edifício todo converte-se numa rampa diagonal. No Museu Guggenheim, onde a espiral diagonal é a ordem dominante num programa mais complexo de motivos, a forma perpendicular retangular expressa circunstâncias excepcionais. No interior, a ordem vertical da estrutura, e em

84

85

particular o poço que contém os banheiros, é expressa a fim de fornecer medida estável à rampa espiral convergente.

Aalto, portanto, adapta a ordem à exceção circunstancial simbolizada pela diagonal. O mesmo faz Kahn nos exemplos dados, embora nos primeiros esboços para o palácio do Legislativo em Dacca predomine uma rigidez extrema, apesar das gigantescas dimensões e complexidade do projeto. Le Corbusier justapõe a diagonal excepcional. Mies a exclui. Wright esconde-a ou submete-lhe toda a sua ordem: a exceção passa a ser a regra.

Essas idéias são aplicáveis ao *design* e à percepção de cidades, que têm programas mais extensos e complexos, é claro, do que edifícios individualmente considerados. A coesa ordem espacial da Praça de S. Marcos, por exemplo (86), não está isenta de

86

87

contradições violentas em escala, ritmo e texturas, para não mencionar as alturas e os estilos variáveis dos edifícios circundantes. Não poderíamos dizer o mesmo da vitalidade da Times Square (87), na qual as vibrantes dissonâncias e incoerências de edifícios e cartazes estão contidas na ordem consistente do próprio espaço? É quando a estridência vulgar extravasa das fronteiras espaciais para a terra de ninguém das cidades de beira de estrada que ela se converte em caos e frustração. (Se em seu livro *God's Own Junkyard* Peter Blake tivesse escolhido exemplos de paisagem de beira de estrada que fossem menos extremamente "ruins", seu argumento, pelo menos no que se refere à banalidade da arquitetura de beira de estrada, ironicamente teria sido mais forte e convincente.) Parece ser nossa sina agora defrontarmo-nos com as

88

89

infinitas inconsistências da cidade de beira de estrada (88), que é o caos (88), ou com a infinita consistência de Levittown (ou o ubíquo cenário tipo Levittown, ilustrado na figura 89), que é o tédio. Na cidade de beira de estrada temos uma falsa complexidade; em Levittown, uma falsa simplicidade. Uma coisa é clara: dessa falsa consistência nunca se desenvolverão cidades. As cidades, assim como a arquitetura, são complexas e contraditórias.

8
A contradição justaposta

*O grupo seguiu em frente mas desviou-se um pouco do caminho reto a fim de passar os olhos de relance pelos maciços remanescentes do templo de Marte Ultor, no interior dos quais está agora instalado um convento de monjas — um pombal na mansão do deus da guerra. A uma pequena distância, passaram pelo pórtico de um Templo de Minerva, de arquitetura sumamente bela e opulenta, mas lamentavelmente carcomido pelo tempo e dilacerado pela violência, além de estar meio soterrado na acumulação de terra que se avoluma sobre a Roma morta como uma arrasadora enchente. Dentro desse edifício de uma vetusta antiguidade, está agora instalada uma padaria, com uma entrada lateral; pois, por toda a parte, os vestígios da antiga grandeza e divindade ficaram à disposição das mais mesquinhas necessidades de nossos dias.**

Se a "contradição adaptada" corresponde ao tratamento com luvas de pelica, a "contradição justaposta" envolve o tratamento de choque. A Villa Pignatelli (62) adapta variações, mas a Villa Palomba (63) *justapõe contrastes.* Suas relações contraditórias tornam-se manifestas em ritmos, direções e adjacências discordantes, e especialmente no que designarei como superadjacências — as sobreposições de vários elementos.

---

* Nathaniel Hawthorne, *The Marble Faun*, Dell Publishing Co., Inc., Nova York, 1961.

Le Corbusier fornece um raro exemplo moderno de contradições justapostas no Edifício dos Moageiros em Ahmedabad (90). Desde a importante aproximação pelo sul, o padrão repetitivo do pára-sol invoca ritmos que são violentamente quebrados pelo vazio da entrada principal, a rampa e as escadas. Esses últimos elementos, que consistem em várias diagonais, criam violen-

90

91

tas adjacências laterais e violentas superadjacências frontais, em relação às divisões retangulares e estáticas dos pavimentos dentro da forma de caixa. As justaposições de diagonais e perpendiculares também geram direções contraditórias: o encontro da rampa com as escadas só é ligeiramente suavizado pelo vazio excepcionalmente grande e pelo ritmo modificado dos elementos nessa parte da fachada. Mas essas contradições na experiência visual são ainda mais ricas quando nos acercamos do edifício e entramos nele. As adjacências e superadjacências de escalas, direções e funções contrastantes podem fazer com que ele pareça um exemplo em miniatura da arquitetura de viadutos de Kahn. No Palácio das Duas Assembléias de Le Corbusier em Chandigarh (65), o recinto cônico das sessões comprimido na malha retangular representa uma superadjacência tridimensional de um gênero muito violento.

A fachada para uma rua citadina pode fornecer um tipo de contradição justaposta que é essencialmente bidimensional. A Câmara de Compensação (91), de Frank Furness, hoje demolida

92

como tantas de suas melhores obras na Filadélfia, continha uma série de violentas pressões no interior de uma estrutura rígida. O semi-arco da porta de entrada, bloqueado pela torre afundada que, por sua vez, corta a fachada numa quase dualidade, e as violentas adjacências de retângulos, quadrados, lunetas e diagonais de dimensões contrastantes, compõem um edifício aparentemente sustentado pelas construções vizinhas: é um resumo quase louco de um castelo numa rua citadina. Todas essas relações de estrutura e padrão contradizem as severas limitações associadas a uma fachada, a um perfil de rua e às fileiras de casas contíguas.

A face retangular do Palazzo del Popolo em Ascoli Piceno (92) ilustra a contradição justaposta que resulta mais de repetidas renovações do que do lance instantâneo de um único arquiteto. Essa fachada é farta de violentas adjacências e superadjacências de arcadas abertas e fechadas, cornijas diretas contínuas e descontínuas, janelas grandes e pequenas, portas e portões, e relógios, cartuchos, balcões e lojas. Tudo isso produz quebras de ritmo e reflete as dualidades contraditórias de escalas públicas e

93

particulares, ordenadas e circunstanciais. As alas firmes e os padrões listrados da Igreja de Todos os Santos, de Butterfield, na Margaret Street, Londres (93), colidem quando se juntam. A relativa independência da forma das partes, apesar de sua proximidade, é um exemplo sumamente significativo da contradição justaposta, distinta da contradição adaptada.

A textura da rusticação maneirista colide do mesmo modo quando se encontra com o detalhe preciso das ordens clássicas numa fachada renascentista. Mas a *loggia* de Michelangelo, no centro do andar superior da fachada dos fundos do Palazzo Farnese, reflete uma espécie mais ambiciosa de contradição em relação às paredes que lhe são adjacentes (94). Os excepcionais elementos centrais de Giacomo della Porta no andar de baixo — pilastras, arcos e arquitrave — variam apenas ligeiramente em ritmo e nada em escala, e a transição dos vãos de janela típicos a cada lado para os vãos centrais é coerente em detalhe e em escala. As aberturas da *loggia* de Michelangelo em cima contrastam violentamente em escala e ritmo com os elementos típicos aos lados,

94

95

assim como na insinuação de um pé-direito mais alto. Também as pilastras, por causa de sua elevação e altura, quebram violentamente o friso abaixo da cornija, e a própria cornija, em vez de avançar, recua para harmonizar-se com a ousadia e a saliência dos elementos embaixo. A escala dessa cornija é menor por causa do ritmo intensificado dos modilhões; no entanto, os próprios modilhões (cabeças de leões) são idênticos aos da outra cornija e as molduras são contínuas de uma ponta à outra. Combinações igualmente ambíguas de contradições justapostas e adaptadas ocorrem nos vãos intermédios dentro do nicho.

Na Capela Medici em San Lorenzo (95), de Michelangelo, a escala de ornamento dos elementos de mármore, dando-lhes quase um aspecto de mobília, no interior dos vãos, é adjacente à enorme escala da ordem gigante das pilastras. As ordens clássicas

96

97

98

favorecem uma outra espécie de adjacência contrastante quando a ordem gigante é justaposta à ordem menor e a proporção mantém-se constante, independentemente das dimensões. As combinações de tamanhos das colunas de Jefferson na Universidade da Virgínia (96) contradizem a máxima segundo a qual toda e qualquer magnitude requer sua própria estrutura. Mas as justaposições de elementos contrastantes em tamanho mas proporcionais na forma, como as pirâmides de Gizé, caracterizam a técnica primária de monumentalidade. Nas fachadas das catedrais de Granada (97) e Foligno (98), as adjacências de círculos, semicírculos e triângulos de dimensões variadas nas aberturas e frontões, e, em Eastbury (99), as gigantescas aberturas em arco de Vanbrugh, ajustadas similarmente às janelas em arco às quais estão sobrepostas, criam uma estranha tensão não muito diferente da que foi explorada nas telas de bandeiras sobrepostas de Jasper Johns (100). A casa de hóspedes situada atrás da Casa Baixa de McKim, Mead e Whi-

99

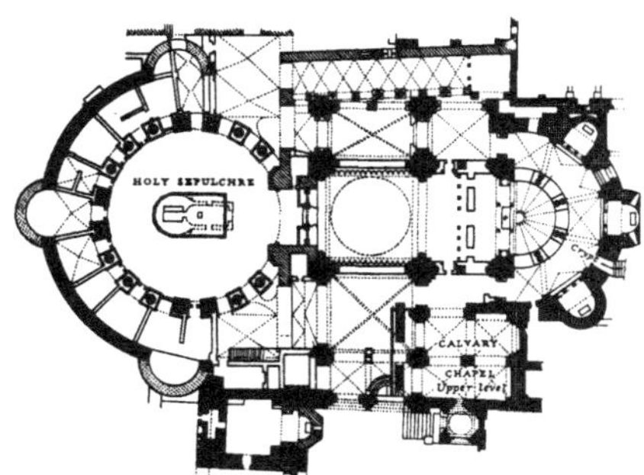

101

100

102

te era uma imitação em miniatura daquela casa em sua forma geral característica.

Além dessas adjacências violentas, existem contrastes de direção dentro do todo. A Igreja do Santo Sepulcro em Jerusalém (101), muito renovada, e o Centro Cultural de Aalto em Wolfsburg (78), pré-renovado, por assim dizer, contêm paredes e séries de colunas com direções contraditórias de intensidade quase igual. As alas e projeções da casa em Shingle Style chamada Kragsyde em Manchester-by-the-Sea (102) estão menos contidas num perímetro dominante mas incluem, não obstante, uma multiplicidade de direções, especialmente em elevação.

As direções justapostas criam complexidades e contradições rítmicas. A figura 103 ilustra uma cadeira em Caserta que contém ritmos curvilíneos e retangulares violentamente contrastantes. Numa outra escala, o interior do Auditório de Adler e Sullivan (104) tem justaposições de curvas arrojadas e diversas repetições. Em alguns exemplares de arquitetura italiana anônima (105), arcadas adjacentes e contrastantes contêm ritmos contrapontísticos.

103

104

A superadjacência é mais inclusiva do que exclusiva. Pode estabelecer relações entre elementos contrastantes e, quanto ao mais, irreconciliáveis; pode conter opostos dentro de um todo; pode acomodar o *non sequitur* válido; e pode permitir uma multiplicidade de níveis de significado, uma vez que envolve contextos diversos — ver coisas familiares de um modo não familiar e de pontos de vista inesperados. A superadjacência pode ser considerada uma variação da idéia de simultaneidade expressa no cubismo e em certa arquitetura moderna ortodoxa, que empregaram a transparência. Mas está em contraste com a interpenetração perpendicular de espaço e forma característica da obra de Wright. A superadjacência pode resultar numa verdadeira riqueza, em oposição à riqueza superficial de tela que é típica da arquitetura "serena". Suas manifestações, como veremos, são tão diversas quanto as paredes marcadas horizontalmente no Pátio do Belvedere, de Bramante, no Palácio do Vaticano (106) e as "ruínas... construídas ao redor de edifícios" no Instituto Salk para Estudos Biológicos (107), de Kahn.

106

A superadjacência pode existir entre elementos distantes, como o propileu diante de um templo grego, o qual emoldura a composição e vincula o primeiro plano ao plano de fundo. Tais sobreposições mudam à medida que nos deslocamos no espaço. A superadjacência também pode ocorrer quando os elementos sobrepostos se tocam concretamente, em vez de estarem relacionados apenas visualmente. Esse é o método na arquitetura gótica e renascentista. As paredes da nave de catedrais góticas contêm arcadas de ordens e escalas diversas. Colunas e nervuras, molduras e arcos, que formam essas arcadas, penetram-se e sobrepõem-se mutuamente. Na Catedral de Gloucester (108), a superadjacência é contraditória em escala e direção: o enorme botaréu diagonal atravessa o plano da delicada ordem de arcadas na parede do transepto. Todas as fachadas maneiristas e barrocas envolvem superadjacências e interpenetrações no mesmo plano. Ordens gigantes em relação com ordens menores expressam contradições de escala na mesma construção, e a série de pilastras sobrepostas na arquitetura barroca sugere profundidade espacial numa parede plana.

A sobreposição escultural de portal e pórtico por Vignola em seu pavilhão de Bomarzo (17) e as pilastras amputadas da fa-

108

109

chada principal da igreja de Belén em Cuzco são, talvez, intrigantes solecismos, mas as complexas superadjacências nas fachadas do claustro em Tomar (109) compõem uma parede contendo validamente espaços dentro de si mesma. As múltiplas camadas de colunas — embutidas e não embutidas, grandes e pequenas, direta e indiretamente sobrepostas — e a profusão de aberturas sobrepostas, arquitraves, balaústres horizontais e diagonais, criam contrastes e contradições em escala, direção, tamanho e forma. Constituem uma parede contendo espaços dentro de si mesma. Voltarei a esse gênero de redundância válida no próximo capítulo, a respeito da diferença entre o interior e o exterior.

Os diversos elementos estruturais que rodeiam o portão na Porta Pia (110, 111) estão sobrepostos tanto para fins de estrutura como de ornamento. A construção é abundante em superadjacências redundantes e retóricas de uma espécie de ornamento que "fala" a respeito de estrutura. As vulneráveis arestas da abertura estão protegidas dos lados por remates rusticados. Aos remates sobrepõem-se pilastras que contribuem para definir ainda mais os lados da porta e sustentam, conjuntamente com os consolos espiralados acima, o pesado complexo do frontão. Essa im-

110

111

portante abertura torna-se memorável na parede de sustentação em conseqüência de justaposições adicionais. O frontão diagonal protege o bloco da inscrição retangular e o segmento invertido do festão escultural que, por sua vez, contracena com a curva do arco de sustentação semicircular. O arco está no topo de uma série de elementos de ligação estrutural redundantes, incluindo o lintel horizontal que, por sua vez, alivia o arco plano, que é uma continuação do remate rusticado. Mísulas ou consolos, que ajudam a vencer o vão da abertura, são sugeridos pelas diagonais dos cantos superiores de abertura. A exagerada pedra angular é sobreposta ao arco plano, ao lintel e ao tímpano do arco.

Em seu complexo relacionamento, esses elementos são, em graus variáveis, estruturais e ornamentais, freqüentemente redundantes e, por vezes, vestigiais. Na combinação quase igual de horizontais, verticais, diagonais e curvas, tais elementos correspondem às molduras violentamente sobrepostas de Sullivan em torno da clarabóia circular do edifício tipo caixote do Merchants' National Bank em Grinnell, Iowa (112).

No projeto de Lutyens para a catedral de Liverpool (113), as minúsculas janelas dispersas, vistas como pontos negros, impõem-se como um padrão independente nas formas simétricas monumentais da edificação como um todo. O padrão flexível de pequenas janelas acomoda áreas de serviço requeridas para a manutenção do edifício e cria uma escala humana que contrasta com a rígida monumentalidade. Na Filadélfia, o padrão quadriculado da escala local de circulação é sobreposto às avenidas diagonais resultantes que correspondem à escala regional de circulação na cidade, porque originalmente ligavam o centro aos núcleos mais distantes. Essas justaposições criam blocos ímpares, residuais, triangulares, que proporcionam à cidade

112

113

sua variedade e qualidade visual. As "praças" em Manhattan, formadas pelos inconfundíveis cruzamentos da Broadway — por exemplo, as praças Madison, Union, Herald e Times — tornaramse eventos, cada uma com seu caráter individual, o que adicionou vitalidade e tensão ao quadriculado global dessa cidade. A quase inevitável diagonal contraditória dos trilhos da estrada de ferro na típica cidade quadriculada americana das planícies também sugere claramente a escala contrastante de toda a região. O "elevado" americano do século XIX, que foi justaposto acima da rua, antecipou-se à criação da cidade de múltiplos níveis, como o plano de Sigmond de 1958 para Berlim (114), que propôs uma cidade multinível com a circulação em grande escala elevada acima do tráfego local. Nesse tipo de sobreposição, o grau de separação situa-se entre as sobreposições de formas cambiantes, quase incidentais, que estão muito separadas no espaço e a interpenetração de sobreposições no mesmo plano. As superadjacências nesse grau intermédio estão intimamente relacionadas mas não se tocam, como a configuração de um revestimento separado. Também são raras na arquitetura moderna.

As arcadas românicas da catedral de Lucca (115), os rendilhados góticos da catedral de Estrasburgo (116) ou o interior do coro de Notre Dame, Paris (117), as galerias renascentistas em

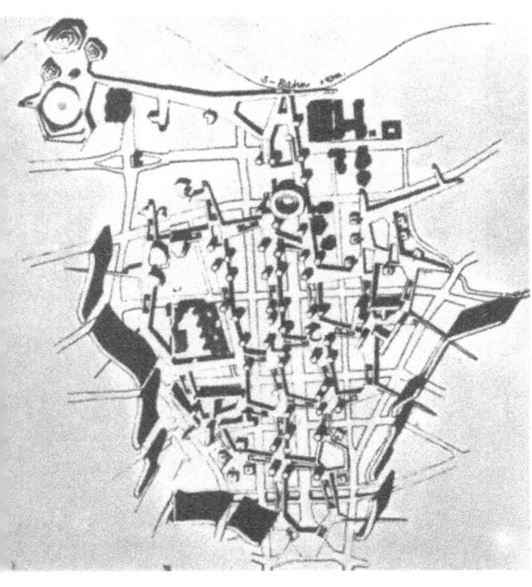

115

Chambord (118) ou as colunetas exteriores do segundo andar da Casa Battló (119), de Gaudí, ou as colunas na galeria interna de sua Casa Güell (120), são todos livres e sobrepostos a padrões contrastantes de janelas. A grande escala pública e a ordem rígida exterior contrastam nitidamente com os pequenos padrões em escala privada requeridos no interior. Esse jogo de aberturas é discordante, por vezes, em ritmo e escala. A gigantesca abertura arqueada de Vanbrugh em Eastbury (99) e a de Armando Brazini

116

117

118

119

120

no Edifício da Silvicultura na sede da EUR em Roma (121) ilustram a mesma espécie de superadjacência nas paredes internas e externas, mas a de Brazini é ritmicamente discordante. Na fachada de Vanburgh da entrada para o pátio da cozinha em Blenheim (59), colunas livres, que emolduram a grandiosa abertura, são discordantemente sobrepostas às janelas que constituem parte do padrão rítmico regular na retaguarda. A mesma coisa acontece em Seaton Delaval (122), onde colunas livres bloqueiam algumas das janelas. A fachada de St. Maclou, Rouen (123), é composta de camadas de elementos diagonais — frontões, telhados e botaréus rendilhados — diferentes nas funções, embora análogos na

121

122

123

forma. Essas justaposições são relativamente separadas em comparação com a fachada de Il Redentore (51), cujas diagonais ambiguamente sobrepostas são, ao mesmo tempo, frontões quebrados e botaréus expostos.

Outros edifícios contêm graus semelhantes de superadjacências espaciais no interior, tomando a forma de revestimentos extremamente articulados ou separados. No coro da Wieskirche (124), a colunata, que corre rigorosamente paralela às paredes, gera justaposições rítmicas variáveis contra as pilastras e as aberturas das janelas. O arco interior de Soane no Tribunal dos Devedores Insolventes, em Londres (125), forma uma superadjacência

125

124

mais contraditória contra as janelas da parede quase imediatamente atrás dele.

Na arquitetura moderna, as justaposições contraditórias de escala envolvendo elementos imediatamente adjacentes são ainda mais raras do que as superadjacências. Tal manipulação de

126

127

128

escala é vista na colagem acidental da cabeça colossal de Constantino e das janelas com adufas no pátio do Museu Capitolino (126). É significativo que tais contrastes de escala ocorram hoje em configurações que não são, usualmente, arquiteturais (127). Num outro contexto, fiz referência às adjacências de ordens gi-

129

131

130

gantes e menores na arquitetura maneirista e barroca. Na fachada dos fundos de S. Pedro (128, 129), Michelangelo faz um contraste em escala ainda mais contraditório: uma falsa janela é justaposta a um capitel maior do que a própria janela. Na fachada da catedral de Cremona (130), há uma violenta adjacência de pequenas arcadas e de uma enorme rosácea que lhes é sobranceira. Isso reflete no interior do edifício a escala do próprio edifício e a escala da cidade que ele domina, de modo que o edifício acomoda

132

133

134

a vista de perto mas também se impõe a distância. Na catedral de Cefalù (131), a simbolicamente importante figura em mosaico do Cristo é correspondentemente grande em relação aos demais ornamentos. A enorme porta central, que se iguala à escala gigante das colunas do pórtico do Templo de Apolo em Didima (132), contrasta com as pequenas portas laterais da mesma fachada. À semelhança de Lutyens em Middleton Park (133), Le Corbusier contrasta, na Villa Stein (134), a escala das portas social e de ser-

135

136

viço. Esse contraste é intensamente expressivo, não porque se trata de entradas adjacentes, mas porque as portas têm posições equivalentes numa fachada essencialmente simétrica. Na Casa Güell (135), Gaudí sobrepõe a grande porta para veículos e a pequena porta para pedestres. Uma nítida tensão deriva de todas essas contradições justapostas. Por vezes, mudanças maciças de escala são verificadas em nossas cidades, mas elas costumam ser mais acidentais do que propositais, a exemplo da vestigial Trinity Church na Wall Street ou de algumas justaposições de vias expressas e construções existentes (136), que são perversões das hiperproximidades entre pequenas casas e grandiosas catedrais ou muralhas nas cidades medievais. Entretanto, alguns urbanistas são hoje mais propensos a questionar a fluência do zoneamento ortodoxo e a permitir violentas proximidades em suas planificações, pelo menos em teoria, do que os arquitetos dentro de suas edificações.

9

O interior e o exterior

A configuração externa costuma ser bastante simples, mas o interior de um organismo abriga uma espantosa complexidade de estruturas que desde há muito faz a delícia de anatomistas.

*A forma específica de uma planta ou de um animal é determinada não só pelos genes no organismo e pelas atividades citoplásmicas que eles dirigem mas também pela interação entre a constituição genética e o meio ambiente. Um determinado gene não controla um traço específico mas uma reação específica a um meio ambiente específico.**

O contraste entre o interior e o exterior pode ser uma importante manifestação de contradição em arquitetura. Entretanto, uma das poderosas ortodoxias do século XX consiste na necessidade de continuidade entre eles: o interior deve expressar-se no exterior. Mas isso não é realmente novo — somente nossos meios foram novos. O interior da igreja da Renascença, por exemplo (137), tem continuidade com seu exterior. O vocabulário interior de pilastras, cornijas e pingadouros é quase idêntico em escala e, por vezes, em material a seu vocabulário exterior. O resultado é sutil modificação mas pouco contraste e nenhuma surpresa.

---

* Edmund W. Sinnott, *The Problem of Organic Form*, Yale Univertity Press, New Haven, 1963.

Talvez a mais audaciosa contribuição da arquitetura moderna ortodoxa seja seu chamado espaço fluente, usado para realizar a continuidade de interior e exterior. A idéia foi enfatizada por historiadores a partir da descoberta por Vincent Scully de sua evolução inicial nos interiores Shingle Style, até seu florescimento na Prairie House e sua culminação em De Stijl e no Pavilhão de Barcelona. O espaço fluente produziu uma arquitetura de planos horizontais e verticais afins. A independência visual desses planos ininterruptos era marcada por áreas de ligação de vidro plano: as janelas como orifícios na parede desapareceram, convertendo-se em interrupções murais a serem desprezadas pelo olhar como elemento positivo no edifício. Tal arquitetura sem cantos subentendeu uma continuidade fundamental de espaço. Sua ênfase sobre a unicidade do espaço interior e exterior foi permitida pelo novo equipamento mecânico que, pela primeira vez, tornou o interior termicamente independente do exterior.

Mas a antiga tradição de espaço interior fechado e contrastado, que quero analisar aqui, foi reconhecida por alguns mestres modernos, embora não tenha sido muito enfatizada pelos historiadores. Embora Wright tenha, de fato, "destruído o caixote" na Prairie House, os cantos arredondados e as paredes sólidas do Johnson Wax Administration Building são análogos às diagonais

137

e cantos boleados dos interiores de Borromini e de seus seguidores no século XVIII — e para o mesmo propósito: exagerar o sentido de fechamento horizontal e promover a diferenciação e a unidade do espaço interior pela continuidade das quatro paredes. Mas Wright, ao contrário de Borromini, não perfura suas paredes contínuas com janelas. Isso enfraqueceria o vigoroso contraste de fechamento horizontal e abertura vertical. E também ter-lhe-ia sido excessivamente tradicional e estruturalmente ambíguo.

A finalidade essencial do interior de um edifício consiste mais em encerrar do que em dirigir um espaço e em separar o interno do externo. Disse Kahn: "Um edifício é um porto de abrigo". É uma antiga função da casa proteger e fornecer privacidade, tanto psicológica quanto física. O Johnson Wax Building favorece uma tradição adicional: a diferenciação expressiva entre espaço interior e exterior. Além de fechar o interior com paredes, Wright diferenciou a luz interior, uma idéia com uma opulenta evolução desde a arquitetura bizantina, gótica e barroca, até a de Le Corbusier e Kahn nos dias de hoje. O interior *é* diferente do exterior.

Mas existem outros meios válidos de diferenciação e de relacionamento do espaço interno e externo que são estranhos a nossa arquitetura recente. Eliel Saarinen disse que, tal como um edifício é a "organização de espaço em espaço, assim é a comunidade, assim é a cidade"[35]. Penso que essa série poderia começar com a idéia de uma sala como um espaço no espaço. E gostaria de aplicar a definição de Saarinen de relacionamento, não só às relações espaciais entre edifício e local, mas também às de espaços interiores dentro de espaços interiores. Refiro-me a coisas tais como o baldaquino acima do altar e dentro da capela-mor. Outra edificação clássica da arquitetura moderna, uma vez mais reconhecidamente atípica, ilustra minha tese. A Villa Savoye (12), com suas aberturas murais que, significativamente, são mais orifícios do que interrupções, restringe de maneira rígida qualquer espaço fluente à direção vertical. Mas existe uma implicação espacial para além da de recinto, que a contrasta com o Johnson Wax Building. Seu exterior severo, quase quadrado, rodeia uma intricada configuração interior entrevista pelas aberturas e protuberâncias de cima. Nesse contexto, a imagem tensa da Villa Savoye vista de dentro e de fora exibe uma resolução contrapontística de severo invólucro parcialmente quebrado e intricado interior parcialmente revelado. Sua ordem interna acomoda as múltiplas funções de uma casa, escala doméstica e algum mistério inerente ao sentido de privacidade. Sua ordem externa expressa a unidade da idéia de casa numa escala aceitável, apropriada aos campos verdejantes de seu entorno e possivelmente à cidade de que virá um dia a ser parte.

Um edifício pode incluir coisas dentro de coisas, assim como espaços dentro de espaços. E suas configurações interiores podem contrastar com seu recipiente de outras formas, além das assinaladas na Villa Savoye. Os perímetros circulares dos muros

138

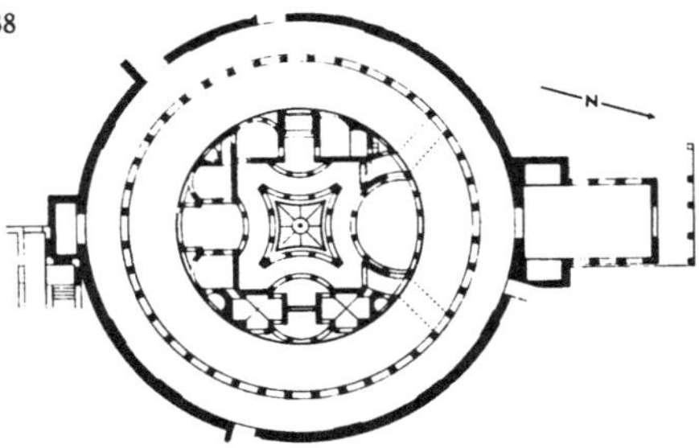

139

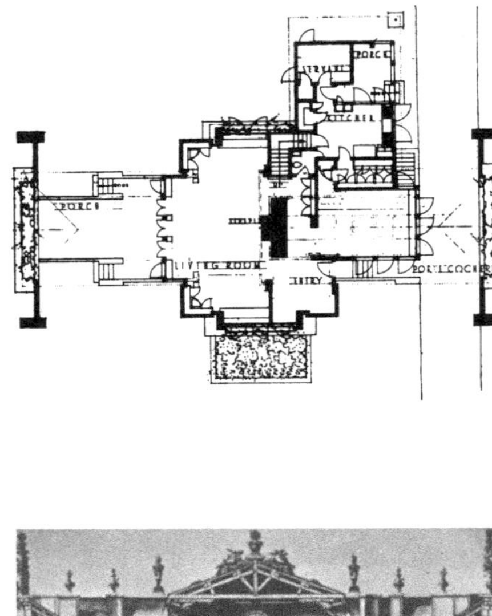

140

141

de sustentação e colunata no Teatro Marítimo de Adriano em Tivoli (138) produzem uma outra versão da mesma idéia espacial. Até mesmo Wright, se bem que apenas por sugestão, contém as complexidades interiores de sua Evans House (139) com um invólucro retangular implícito nas colunas esculturais implantadas nos quatro cantos. No outro extremo, as complexidades da planta no solar Tudor típico, Barrington Court (13), por exemplo, estão encobertas, talvez excessivamente, e só se expressam, quando o fazem, em suas rígidas fachadas simétricas. Numa outra planta simétrica Tudor, a cozinha contrapõe-se à capela. As complexidades reveladas em corte no *château* de Marly (140, 141) são uma concessão à luz e à conveniência internas. Como não estão expressas no exterior, a luz interior é surpreendente. As

142

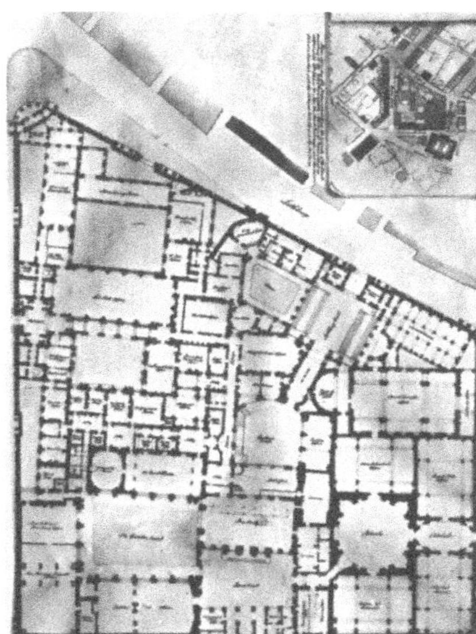

143

paredes externas de Fuga envolvem S. Maria Maggiore (142), e as paredes externas de Soane cercam as distorções labirínticas dos pátios e alas do Banco de Inglaterra (143) do mesmo modo e por razões análogas: elas unificam exteriormente, em relação à escala da cidade, as contraditórias complexidades espaciais de capelas ou salas bancárias que se expandiram com o tempo. O acúmulo de complexidade tanto pode ser excluído como contido. As colunatas em S. Pedro (144) e na Piazza del Plebiscito em Nápoles (145), respectivamente, excluem o emaranhado do complexo do Palácio do Vaticano e do complexo urbano, a fim de obter unidade para suas *piazzas*.

Por vezes, a contradição não é entre o interior e o exterior mas entre o topo e a base do edifício. O domo curvilíneo e o tambor sobre pendículos nas igrejas barrocas sobressaem para além dos parapeitos de suas bases retangulares. Já mencionei no arranha-céu da P.S.F.S. a base curvilínea, a coluna retangular e o topo

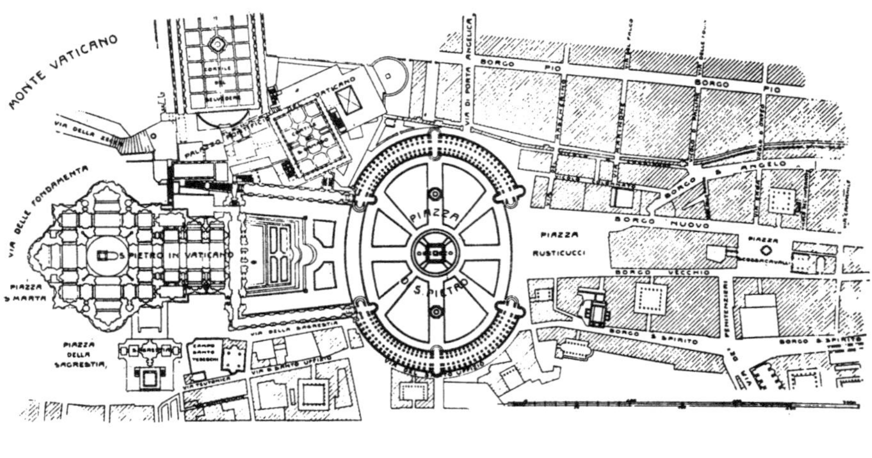

144

145

anguloso como manifestações de múltiplas funções contidas no edifício (41). No Castelo de Sant' Angelo (146), os elementos retangulares desenvolvem-se a partir de uma base circular. O conjunto de telhados românticos da Casa Watts-Sherman (147), de Richardson, e os *trulli** com múltiplos domos de Puglia (148) contrastam com os severos perímetros exteriores de suas paredes mais baixas. Desde fora, o espaço dentro de um espaço pode tornar-se uma coi-

* Tipo de construção cônica característica da Apúlia. (N. T.)

6

147

8

149

sa atrás de uma coisa. O enorme lanternim de Wollaton Hall (149) lê-se como uma coisa em grande escala atrás de uma coisa em escala menor. Em S. Maria della Pace (150), a sobreposição de elementos envolventes, que são sucessivamente convexos, perpendiculares e depois côncavos, tornam-se coisas contrastantes uma atrás da outra, que executam transições entre o exterior e o interior.

Essencialmente, a planta de Le Corbusier da Villa Savoye exemplifica um acúmulo de complexidades dentro de uma estrutura rígida. Algumas das plantas de suas outras casas dos anos 20 sugerem ter-se começado pela estrutura e depois trabalhado de fora para dentro. Coisas análogas ocorrem no alçado de seu Palácio da Suprema Corte em Chandigarh (151). Tal como os fundos da Casa Baixa (72), de McKim, Mead e White, mas numa outra

150

151

152

153

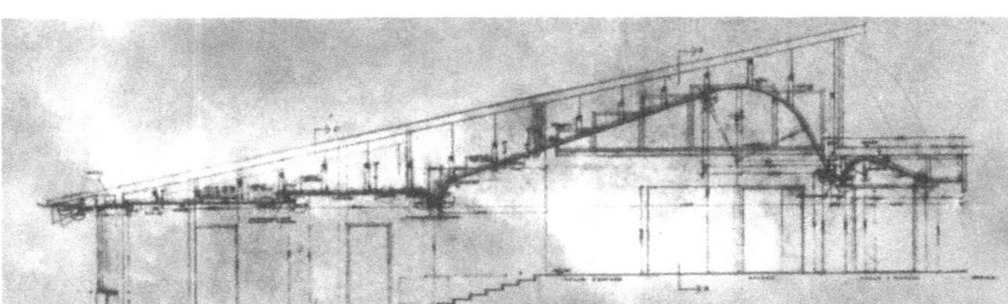

escala, contém complexidades dentro de uma fachada rígida. O telhado severo e o invólucro mural da casa contêm espaços complexos e níveis de pavimentos que se expressam mediante as várias posições de janelas. De modo análogo, a empena de telhado única e protetora da casa tipo-Emmental na Suíça (152) e a empena de telhado única e uniforme da Maison Carré (153) de Aalto, contradizem os espaços interiores embaixo. E tensões similares na fachada dos fundos de Mt. Vernon (71) resultam do contraste do severo invólucro dotado de frontão e das posições irregulares das janelas. Na fachada lateral de Easton Neston (154), de Hawksmoor, as janelas estão colocadas de acordo com requisitos internos específicos, em desafio a sua ordem horizontal. A complexidade acumulada dentro de uma estrutura rígida tem sido

154

155

156

uma idéia largamente difundida. Ela existe em exemplos tão diversos quanto uma fantasia de Piranesi (155) e a composição de um nicho de Michelangelo (156). Exemplos mais puramente expressivos são as fachadas da igreja paroquial de Lampa, Peru (157), e a entrada da capela em Fontainebleau (158), as quais contêm enormes pressões dentro de suas fronteiras, como uma pintura maneirista.

Contenção e complexidade também têm sido características da cidade. Muralhas fortificadas para proteção militar e o cinturão verde para proteção civil são exemplos desse fenômeno. A complexidade contida poderia ser um dos métodos viáveis para lidar com o caos urbano e a rede viária de acesso às cidades; por meio do uso criativo de zoneamentos, e de características arquiteturais positivas, é possível concentrar as complexidades das aglomerações de beira de estrada e da paisagem urbana deteriorada, reais e virtuais. E assim como a escultura que consiste em automóveis comprimidos, de John Chamberlain, e as fotografias

157

158

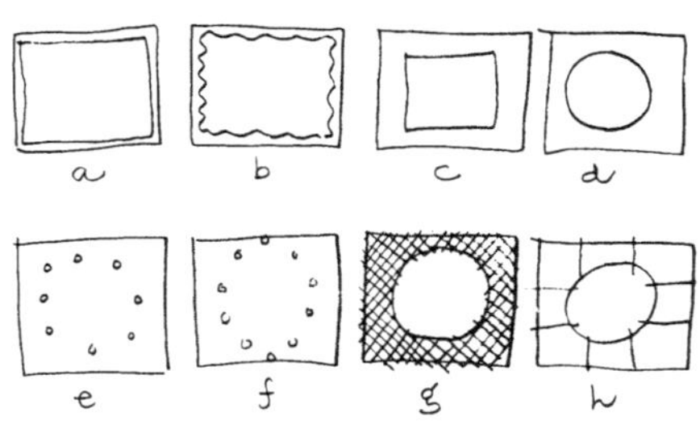

159

através de lentes telescópicas em *God's Own Junkyard*, de Blake, essas complexidades alcançam uma espécie de unidade ironicamente convincente.

A contradição entre o interior e o exterior pode manifestar-se num revestimento solto que produz um espaço adicional entre o revestimento e a parede externa. Diagramas de planta (159) ilustram que tais camadas entre o espaço interno e o espaço externo podem ser mais ou menos contrastantes em forma, posição, padrão e tamanho. O diagrama 159a ilustra a espécie mais simples, que é análoga e ligada. Um material interno diferente, lambris nesse caso, fornece o contraste. Os mosaicos bizantinos no interior da capela de Galla Placidia representam um revestimento ligado mas contrastando em riqueza de textura, padrão e cor com a insípida obra de tijolo do exterior. As pilastras, arquitraves e arcos das paredes renascentistas, como a fachada de Bramante no Pátio do Belvedere no Vaticano, podem sugerir camadas, enquanto a colunata da *loggia* da fachada sul do Louvre forma camadas espaciais. As colunetas no interior da catedral de Rouen (160) ou as colunas de seção elíptica soltas na ante-sala da Syon House (161) também representam espécies mais desliga-

160

161

das de camadas, mas seu contraste sutil com o exterior depende mais de escala do que de forma e textura. O revestimento torna-se semi-independente na alcova cortinada de Percier e Fontaine em Malmaison, que é derivada de uma tenda militar romana. As séries graduadas de portas simbólicas em Karnak (162) são múltiplos revestimentos em relevo, semelhantes, em duas dimensões, à idéia genérica de ninhos de ovos de brinquedo ou bonecos de madeira. Essas portas dentro de portas, à semelhança das portas com múltiplas molduras em pórticos góticos, diferem das aberturas barrocas com múltiplos frontões, que justapõem formas triangulares e segmentares.

As séries graduadas de coisas dentro de coisas ou recintos dentro de recintos que caracterizam o templo egípcio executam

162

163

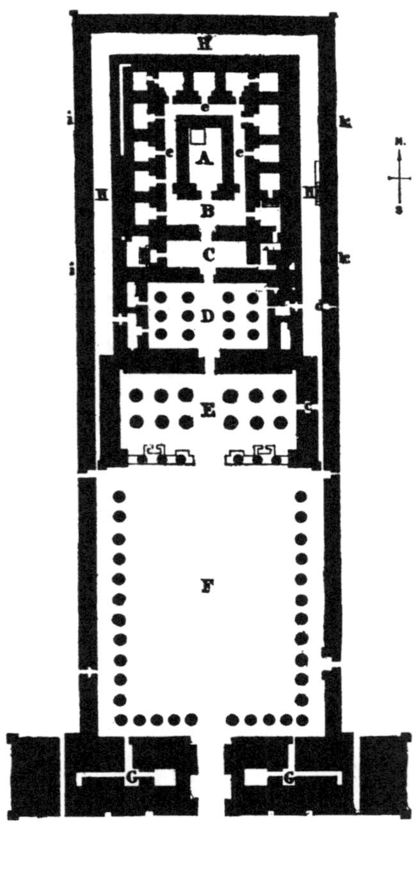

164

no espaço o motivo das portas de múltiplas molduras em Karnak. As séries de paredes em Edfu (163, 164) são revestimentos soltos. Os revestimentos externos acentuam os espaços fechados interiores, fazendo-os parecer protegidos e misteriosos. Assemelham-se às camadas de fortificações em castelos medievais, ou ao ninho espacial em que Bernini conteve seu pequeno Panteão, S. Maria dell' Assunzione em Arricia (165). As mesmas tensões ocorrem entre as camadas adejantes do biombo que encerra o sacrário e as paredes externas da catedral de Albi (166) e de outras catedrais da Catalunha e do Languedoc. Os múltiplos domos do barroco representam, em corte, camadas análogas porém desligadas. Através de seus *oculi* centrais, é possível ver espaços além de espaços. No projeto dos Irmãos Asam (167), por exemplo, o domo interno

165

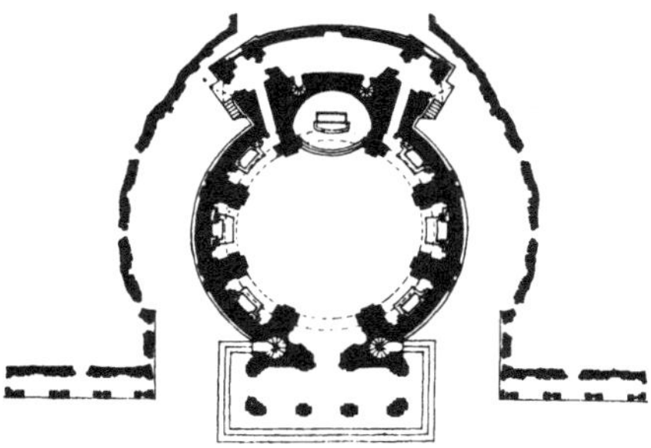

166

167

com seu *oculus* mascara as janelas altas, produzindo assim efeitos surpreendentes de luz e um espaço mais complexo. No exterior, o domo superior aumenta o efeito de escala e altura. Em sua igreja abacial de Weltenburg (168), projetada por eles, as nuvens do afresco no domo superior, que são vistas através do *oculus* do domo inferior, aumentam a sensação de espaço. Em S. Maria in Canepanova, em Pavia (169), o efeito do domo em camadas é visto mais do exterior do que do interior.

Os múltiplos domos da Capela de S. Cecília em S. Carlo ai Catinari em Roma (170) são soltos e contrastam entre si no formato. Para além do *oculus* oval do domo inferior vê-se um espaço retangular inundado de luz, contendo um quarteto escultórico

168

169

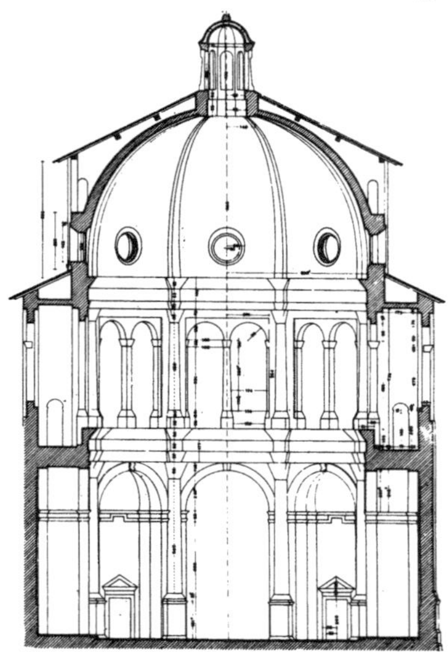

de anjos musicais. Além dessa área, por sua vez, flutua uma clarabóia ainda mais brilhante. Soane usa domos internos em espaços quadrados, mesmo em pequenas áreas como a sala do café da manhã em Lincoln's Inn Fields (171). Suas fantásticas justaposições de domos e clarabóias, abóbadas de suporte e pendículos, e uma variedade de outras formas ornamentais e estruturais em diversos edifícios (35), colaboram para enriquecer a sensação de fechamento e de luz. Esses elementos estrutural-ornamentais em camadas são, às vezes, vestigiais (quase num padrão bidimensional), mas propiciam o efeito complexo de camadas espaciais realmente desligadas. A igreja neobarroca do Cuore Immaculata di Maria Santissima em Roma (172, 173), de Armando Brazini, tem

171

170

uma planta quase circular contendo uma planta em cruz grega. A planta em cruz grega está refletida no exterior em quatro pórticos com frontão marcando as extremidades da cruz. Esses pórticos, por sua vez, são convexos para poder acomodar o plano circular. Na arquitetura moderna, Johnson foi quase único em enfatizar múltiplos recintos dentro de recintos em planta e em corte. O dossel no interior de sua casa para hóspedes em New Canaan (174) e o dossel soaniano no interior da sinagoga em Port Chester (175) são ambos camadas interiores. Kahn emprega camadas separadas no exterior: "ele ergue ruínas ao redor de edifícios". No projeto para o Pavilhão de Reuniões do Instituto Salk para Estudos Biológicos (107), ele justapõe na planta círculos dentro de

172

17

174

quadrados e quadrados dentro de círculos. Segundo Kahn, a ofuscação interior será neutralizada pela justaposição de frestas, contrastando em tamanho e formato, nas paredes de dupla camada. Kahn citou mais as modificações de luz do que a expressão espacial de recintos fechados como motivo para as camadas contrastantes. O motivo de Lutyens do círculo dentro do quadrado aparece em suas escadas com caixas redondas dentro de salas quadradas.

No vestíbulo de S. Croce in Gerusalemme (176) e nos interiores de SS. Sergius e Bacchus (177) e S. Stephen Walbrook (34), é a série de colunas que define a camada interior, separada e contrastante do recinto. Esses suportes, a par dos domos acima de-

176

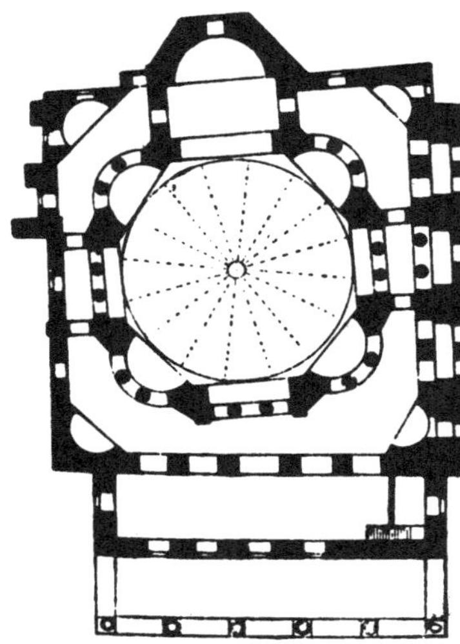
177

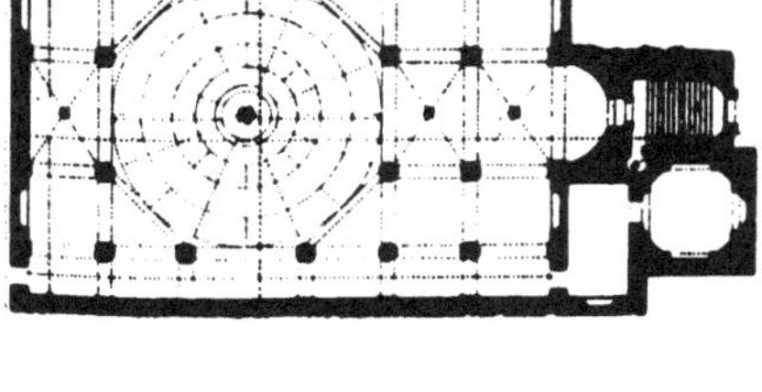
178

les, fazem as relações intra-espaciais do interior. S. Stephen Walbrook é um espaço quadrado contendo um espaço octogonal no nível inferior (178). Seus arcos semelhantes a abóbadas de suporte, no nível intermédio entre as colunas e o domo, fazem a transição para o domo acima. Também na Vierzehnheiligen (31), os pilares em conjunto com os domos definem espaços curvilíneos dentro das paredes retangulares e hexagonais do perímetro. Mas as camadas interiores são menos independentes do que as de S. Stephen. Tanto em planta quanto em seção, a curva toca às vezes a parede externa e torna-se parte dela (179). A planta e a seção de Neresheim, na Alemanha Meridional (180), mostram que as curvas complexas do círculo interior inflectem sinuosamente

179

180

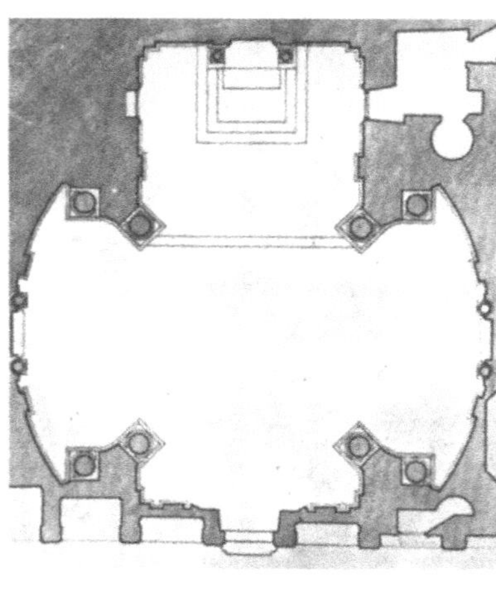

181

quando se acercam do oval exterior. Essas relações intra-espaciais são, simultaneamente, mais complexas e mais ambíguas do que as de S. Stephen Walbrook.

Na Capela Sforza de Michelangelo em S. Maria Maggiore (181, 182), as camadas estão implícitas nas violentas penetrações de espaço retangular e espaço curvilíneo em planta e de abóbadas de berço, cúpulas e nichos abobadados em seção. As justaposições ambíguas desses dois gêneros de formatos, assim como a intensa compressão implícita e a enorme escala dos espaços arqueados e sem relevos (os quais, como corolário, se estendem para além do recinto), conferem a esse interior sua força e tensão peculiares (183).

182

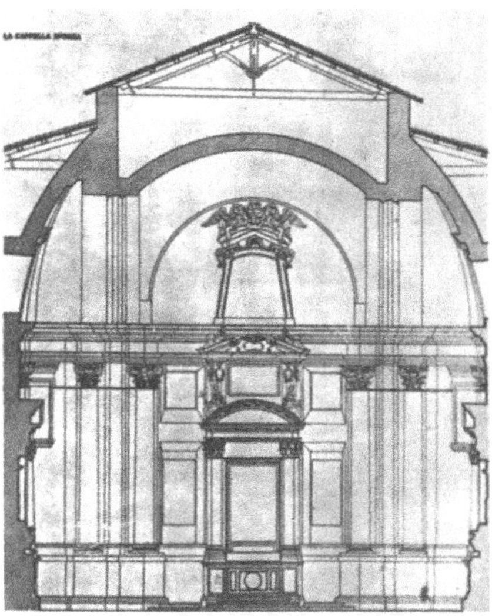

183

184

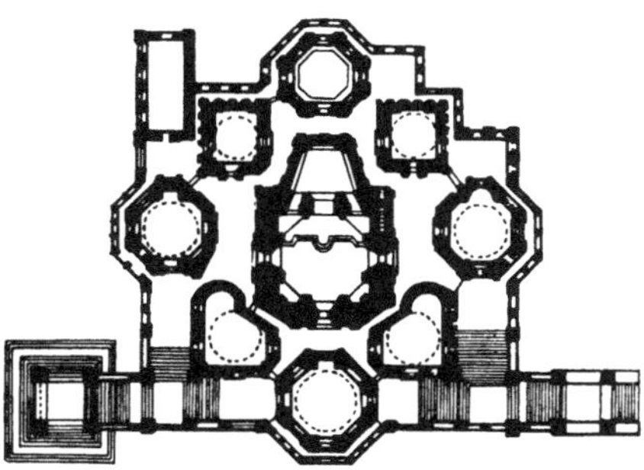

Revestimentos independentes deixam espaços de entremeio. Mas o reconhecimento arquitetural desses espaços intermediários varia. Edfu é quase todo em camadas. Os espaços residuais são fechados e dominados pelo pequeno espaço no centro. S. Basílio (184) é como uma série de igrejas dentro de uma igreja. O intricado labirinto de espaços residuais interiores resulta da proximidade mútua das capelas em função do centro e da proximidade da parede circundante em relação ao exterior. No palácio

185

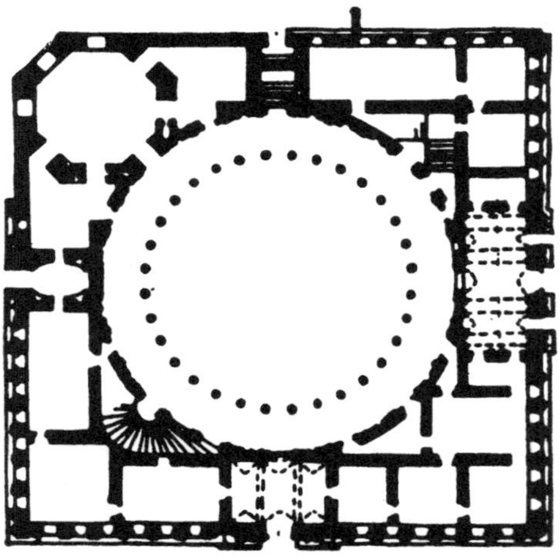

18

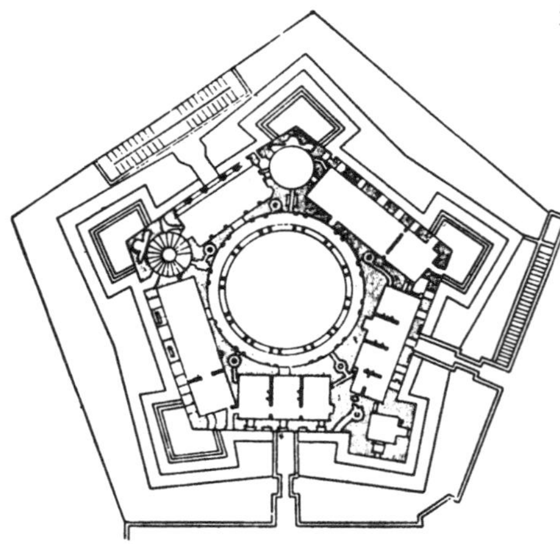

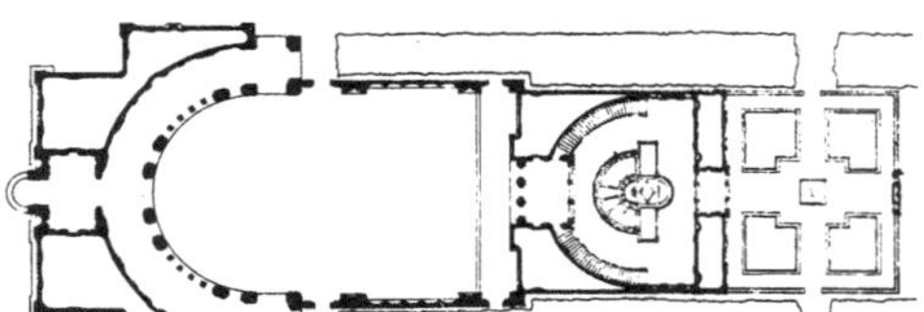

187

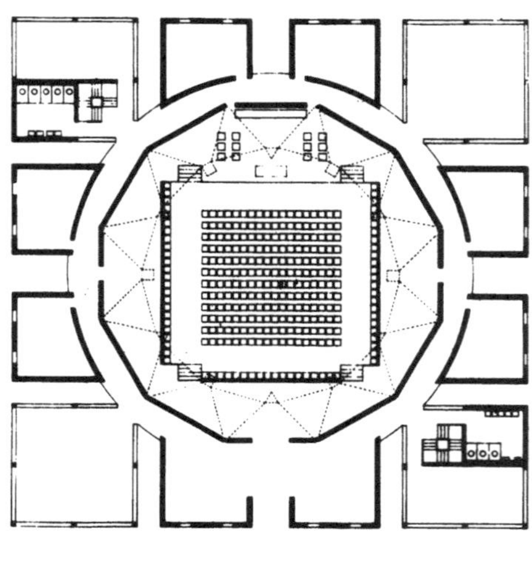

de Carlos V em Granada (185), na Villa Farnese em Caprarola (186) e na Villa Giulia (187), os pátios dominam porque são amplos e suas formas contrastam com as dos perímetros. Eles constituem o espaço primordial; as salas e os quartos dos palácios são espaço deixado de lado. Como no esquema preliminar de Kahn para a Igreja Unitária em Rochester (188), os espaços residuais são fechados. Em contraste, as camadas formadas por colunas e pilares em SS. Sergius e Bacchus, S. Stephen Walbrook, Vier-

189

190

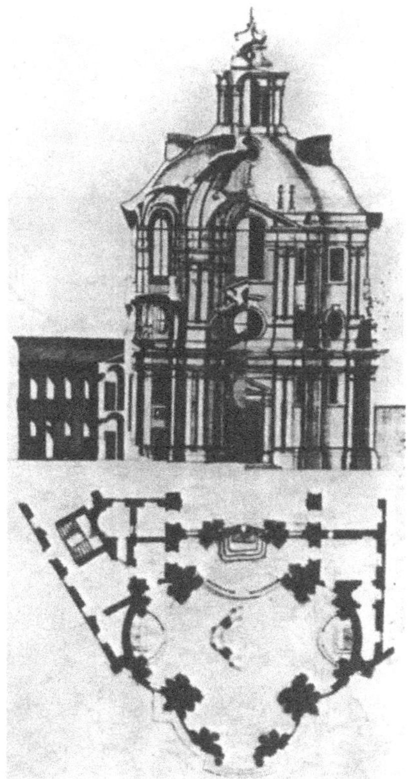

191

zehnheiligen e Neresheim definem espaços residuais que dão acesso aos espaços dominantes, embora estejam separados deles em graus variáveis. No Palácio Stupinigi (189), uma vez que o espaço dominante é tão aberto, a distinção entre espaços dominante e residual no salão nobre é ambígua. De fato, as camadas internas são tão extensas que subsiste apenas um vestígio de um espaço interno central, indicado por quatro pilares e pelos próprios padrões complexos do teto abobadado. O complexo *oculus* e outras aberturas do interior do domo de S. Chiara, em Brà (190, 191), definem o espaço residual, que é aberto a fim de elaborar o espaço e manipular a luz. A separação das aberturas internas e externas das janelas na Igreja de Imatra (192), de Aalto, modifica de forma semelhante a luz e o espaço. O uso desse método não tem precedente na arquitetura recente.

192

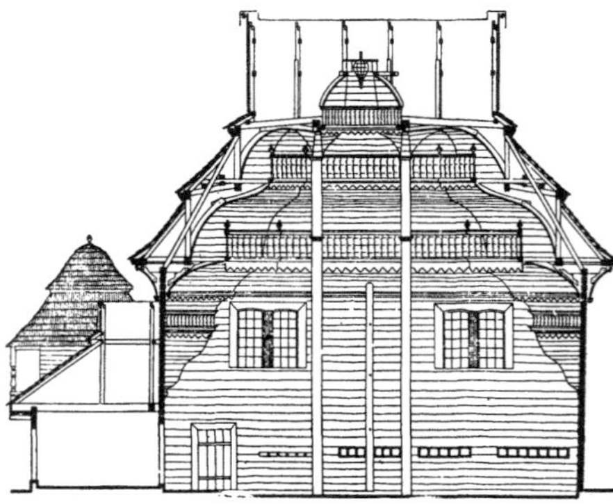

19

1

A abóbada de madeira das sinagogas polonesas do século XVII (193), que imita alvenaria, faz revestimentos compactos na seção superior. Em contraste com os exemplos prévios, seu espaço residual é fechado. O *poché* fechado, primordialmente determinado por forças espaciais exteriores, mais do que pela estrutura inerente da forma, é quase desconhecido na arquitetura moderna, com exceção do singular Pódio para Concertos (194) de Aalto, composto por uma estrutura de madeira que orienta o som, tanto quanto o espaço. O espaço residual de permeio entre espaços dominantes, com diversos graus de abertura, pode ocorrer na escala da cidade e é uma característica dos *fora* e de outros complexos do planejamento urbano romano tardio. Os espaços residuais não são desconhecidos em nossas cidades. Estou pensando nos espaços abertos sob nossas auto-estradas e nos espaços-tampões a sua volta. Em vez de procedermos ao reconhecimento e à exploração dessas espécies características de espaços, convertemo-los em estacionamentos ou gramados raquíticos — uma terra de ninguém entre a escala regional e a local.

Ao espaço residual que é aberto poder-se-ia chamar "*poché* aberto". O "espaço de serviço" de Kahn, que abriga por vezes o equipamento mecânico, e o *poché* nas paredes da arquitetura romana e barroca, são meios alternativos de acomodação de um interior diferente do exterior. Disse Aldo van Eyck: "A arquitetura deve ser concebida como uma configuração de lugares intermediários claramente definidos. Isso não implica uma transição contínua ou um adiamento *sine die* no que diz respeito a lugar e ocasião. Pelo contrário, subentende um afastamento do conceito contemporâneo (vamos chamá-lo de moléstia) de continuidade espacial e a tendência para apagar toda e qualquer articulação entre espaços, isto é, entre exterior e interior, entre um espaço e outro (entre uma realidade e outra). Em vez disso, a transição deve ser articulada por meio de lugares intermediários definidos que induzem à percepção simultânea do que é significativo de um lado e do outro. Nesse sentido, um espaço intermediário fornece o terreno comum onde as polaridades conflitantes podem tornar-se de novo fenômenos gêmeos"[36].

O espaço residual é por vezes inadequado. Tal como o *poché* estrutural, raramente é econômico. É sempre algo que sobrou, desviado para alguma coisa mais importante, para além de si mesmo. As restrições, contrastes e tensões inerentes nesses espaços são talvez condizentes com a afirmação de Kahn de que "um edifício deve ter maus espaços e bons espaços".

O recinto redundante, tal como o acúmulo de complexidades, é raro em nossa arquitetura. Com algumas exceções significativas na obra de Le Corbusier e de Kahn, a tendência da arquitetura moderna foi ignorar tais idéias espaciais complexas. O "núcleo de serviços" de Mies ou dos primeiros trabalhos de Johnson não é importante porque se converte em acento passivo num espaço aberto dominante, mais do que em paralelo ativo para um outro perímetro. O espaço interior contraditório não admite o requisito da arquitetura moderna de uma unidade e continuidade de todos os espaços. Tampouco as camadas de profundidade, especialmente com justaposições contrapontísticas, satisfazem seus requisitos de relações econômicas e inequívocas de formas e materiais. E o acúmulo de complexidades dentro de limites rígidos (o que não significa uma estrutura transparente) contradiz o princípio moderno que diz que um edifício cresce de dentro para fora.

Quais são as justificações para o recinto múltiplo e para o interior ser diferente do exterior? Quando Wright expressou sua máxima: "Uma forma orgânica desenvolve sua estrutura a partir de condições propícias tal como a planta se desenvolve a partir do solo favorável, ambas crescem de dentro para fora"[37], ele tinha atrás de si um longo precedente. Outros americanos tinham defendido o que era no momento uma coisa saudável — um necessário grito de guerra:

> Greenough: Em vez de forçar as funções de toda a espécie de edifício a caber numa única forma geral, adotando um formato exterior que interesse o olhar ou a associação de idéias, sem referências à distribuição interna, comecemos pelo coração como núcleo e trabalhemos de dentro para fora[38].
>
> Thoreau: Seja qual for o gênero de beleza arquitetônica que vejo agora, sei que ela cresceu gradualmente de dentro para fora, a partir das necessidades e do caráter do residente[39].
>
> Sullivan: [O arquiteto] deve fazer com que um edifício cresça natural, lógica e poeticamente a partir de sua condição[40]. ... As aparências externas assemelham-se às finalidades internas[41].

Até Le Corbusier escreveu: "O projeto desenvolve-se de dentro para fora; o exterior é o resultado do interior"[42].

Mas a analogia biológica de Wright é autolimitadora, porque o desenvolvimento de uma planta é influenciado, em distorções particulares, pelas forças de seu meio ambiente, assim como por sua ordem genética de crescimento. D'Arcy Wentworth Thompson viu a forma como um registro de desenvolvimento no meio ambiente. A ordem inerentemente retangular de estrutura e espaço da casa de apartamentos de Aalto em Bremen (76, 195) rende-se às necessidades internas de luz e espaço na direção do sul, como o crescimento de uma flor na direção do sol. Mas, de modo geral, para Wright os espaços exterior e interior de seus edifícios invariavelmente isolados eram contínuos, e, como ele era um urbanófobo, o meio ambiente suburbano de seus edifícios, quando especificamente regional, não era tão limitador, do ponto de vista espacial, quanto um contexto urbano. (Entretanto, o plano fluente da Robie House adapta-se à constrição dos fundos de seu terreno de esquina.)

195

Wright, porém, creio eu, recusou-se a reconhecer o cenário que não era favorável à expressão direta do interior. O Museu Guggenheim é uma anomalia na Quinta Avenida. Mas o Jonhson Wax Building talvez faça um gesto negativo em relação a seu ambiente urbano indiferente na medida em que o domina e exclui.

O contraste e até o conflito entre forças exteriores e interiores existem igualmente fora da arquitetura. Disse Kepes: "Todo e qualquer fenômeno — um objeto físico, uma forma orgânica, um sentimento, um pensamento, nossa vida em grupo — deve sua forma e caráter ao duelo entre a constituição inata e o meio ambiente"[43]. Essa interação foi sempre muito nítida nas concentrações do meio ambiente urbano. A Loja Morris (196, 197), de Wright, é outra das exceções para cuja realização sentia-se suficientemente confiante. Suas fortes contradições entre o interior e o exterior — entre as funções privadas, particulares, e as funções públicas, gerais — fazem dela um edifício urbano tradicional em arquitetura moderna. Como disse Aldo van Eyck: "A planificação, seja qual for o nível de escala, deve fornecer uma estrutura — montar o palco, por assim dizer — para o fenômeno-gêmeo do

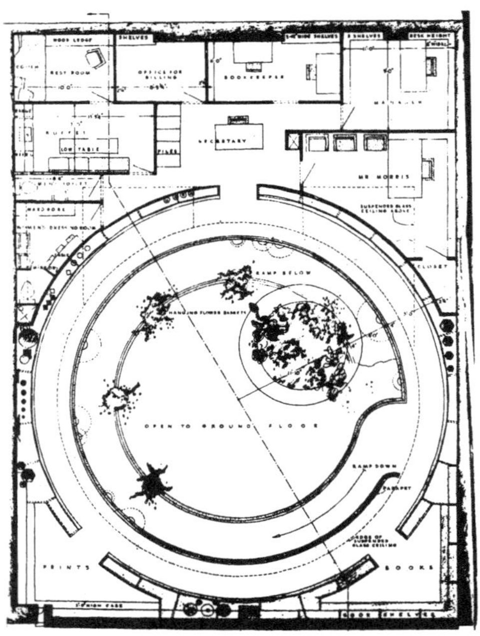

196

197

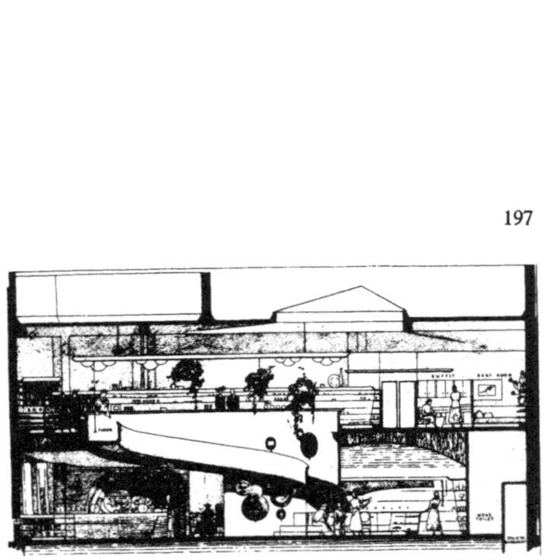

individual e do coletivo, sem recorrer à acentuação arbitrária de um à custa do outro"[44].

A contradição ou, pelo menos, o contraste entre o interior e o exterior é uma característica essencial da arquitetura urbana mas não é unicamente um fenômeno urbano. Além da Villa Savoye e de exemplos óbvios como os templos domésticos da Restauração grega, que estão convenientemente repletos de séries de células, a *villa* renascentista como Easton Neston, de Hawksmoor, ou Westover na Virgínia (198), justapuseram fachadas simétricas a plantas assimétricas.

Interações contraditórias entre necessidades espaciais internas e externas podem ser vistas nos seguintes exemplos em que a frente e os fundos contrastam. O diagrama (199) ilustra seis casos gerais. A fachada côncava na igreja barroca acomoda necessi-

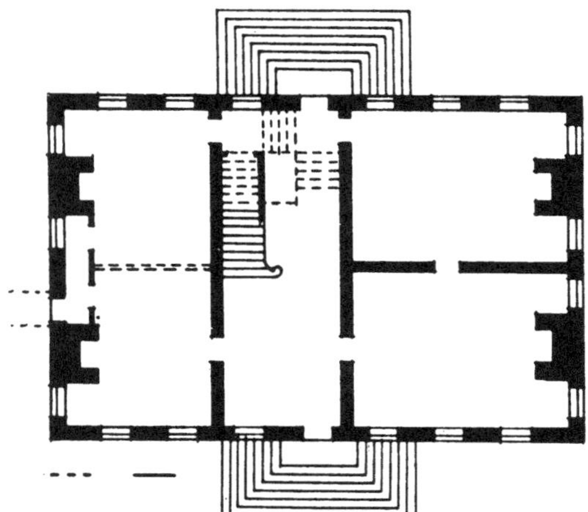

198

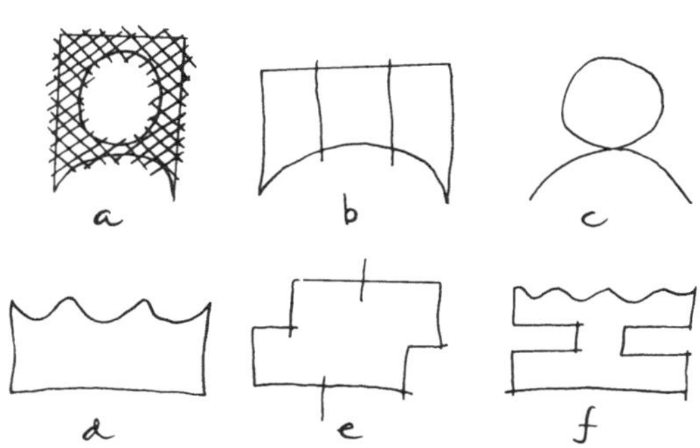

199

dades espaciais especificamente diferentes no interior e no exterior. O exterior côncavo, divergindo da essencial função espacial côncava do interior da igreja, reconhece uma contrastante necessidade exterior de pausa espacial na rua. Na frente do edifício, o espaço exterior é mais importante. Por trás da fachada, a igreja foi projetada de dentro para fora, mas a frente foi projetada de fora para dentro. O espaço à margem dessa contradição ficou por conta do *poché*. As plantas de dois pavilhões por Fischer von Erlach (200) ilustram por meio das curvas côncavas num deles o espaço dominante interior, e através das curvas convexas no segundo o espaço dominante exterior. A fachada côncava de Grey

200

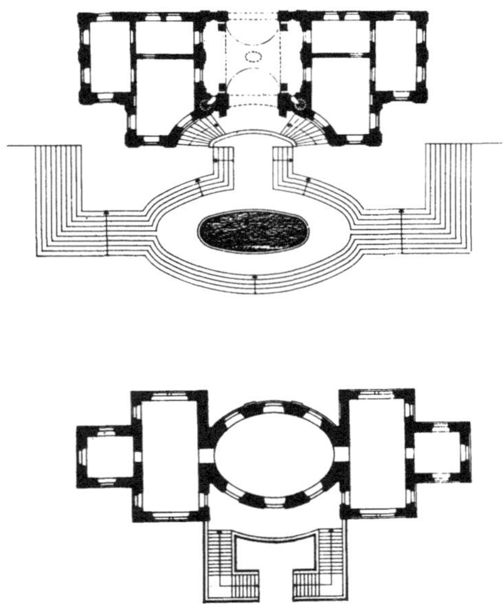

201

Walls (56), de Lutyens, acomoda um pátio de entrada cuja curva é determinada pelo raio de rotação de um carro e que conclui a vista da aproximação. Grey Walls é uma Piazza S. Ignazio (201) rural. O exterior côncavo do estúdio de Aalto em Munkkiniemi (202) dá forma a um anfiteatro ao ar livre. Esses exemplos produzem espaços residuais internos.

A Karlskirche (42), de Fischer von Erlach, mencionada antes, combina uma pequena igreja oval com uma ampla fachada retangular que se ajusta a seu cenário urbano por meio de uma falsa fachada, em vez de um *poché*. A fachada côncava do pavilhão nos jardins da Academia Arcádica em Roma (203) é um con-

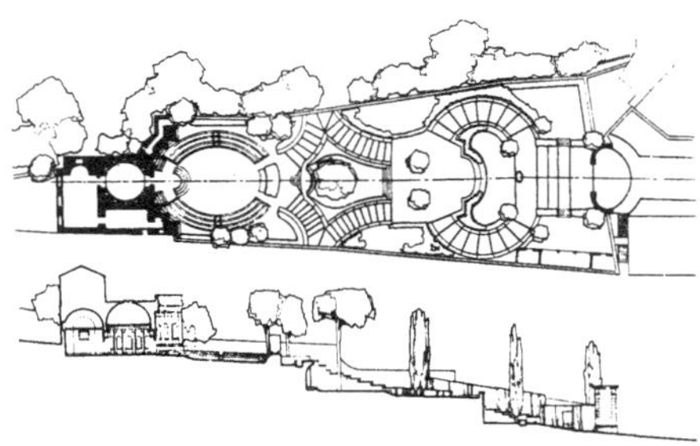

203

traste ainda mais contraditório com a *villa* situada a sua retaguarda. A fachada recebeu seu tamanho e seu formato particulares a fim de rematar o jardim disposto em terraços. No Santuário de Saronno (204) existe contradição no estilo, assim como na escala entre a fachada e o resto do edifício.

Na igreja barroca, o interior é diferente do exterior, mas os fundos também são diferentes da frente. A arquitetura americana e, em especial, a arquitetura moderna com sua antipatia pela "falsa frente" enfatizaram o edifício isolado, independente, mesmo na ci-

205

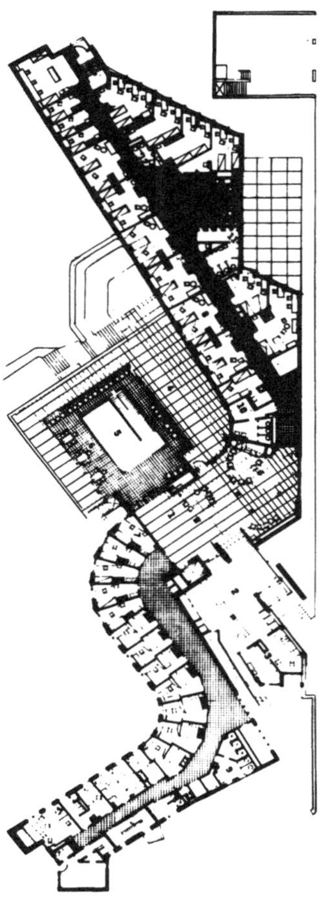

206

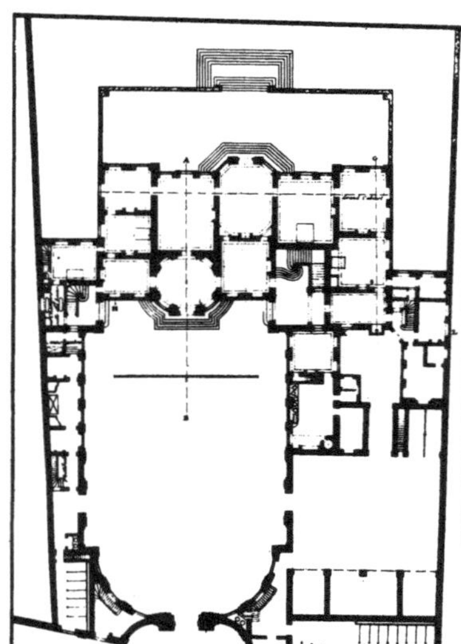

207

dade — o edifício que é uma construção separada, e não o que reforça o alinhamento da rua, tornou-se a norma. Johnson chamou a isso a tradição americana de "arquitetura *plop*". O dormitório de Aalto no M.I.T. (205) é excepcional. A frente curvilínea ao longo do rio e sua fenestração e materiais contrastam com a retangularidade e outras características dos fundos: as forças tanto exteriores quanto interiores de uso, espaço e estrutura variam nos fundos e na frente. E o arranha-céu P.S.F.S., que é uma torre, tem quatro lados diferentes porque reconhece seu cenário urbano específico: paredes geminadas, fachadas sobre a rua — fundos, frentes e esquinas. Nesse caso, o edifício isolado torna-se um fragmento de um todo espacial exterior maior, mas o típico edifício isolado da arquitetura moderna, exceto no tocante a algum tratamento de fachada ou *brise-soleil*, que agem para retirar proeminência ao recinto fechado ou para reconhecer diferenças de orientação, raramente muda a frente e os fundos por razões espaciais exteriores. Também para o século XVIII isso era uma idéia convencional. O engenhoso eixo duplo de um *hôtel* de Paris (206), mesmo em seu cenário originalmente mais aberto, conciliou os espaços exteriores de formas diferentes na frente e nos fundos. Com justificação semelhante, Easton Neston, de Hawksmoor (154), gera uma tensa discordância entre a frente e o lado. O alçado descontínuo do lado do jardim íntimo, no sentido oposto ao do longo eixo, acomoda variedades de espaços e níveis no interior e necessidades de escala no exterior. O alçado lateral do Palácio Strozzi (207) antecipa sua posição escondida numa aléia lateral.

Projetar de fora para dentro, assim como de dentro para fora, cria tensões necessárias que ajudam a fazer arquitetura. Como o interior é diferente do exterior, a parede — o ponto de mudança — torna-se um evento arquitetônico. A arquitetura ocorre no encontro de forças interiores e exteriores de uso e espaço. Essas forças interiores e ambientais são, simultaneamente, gerais e particulares, genéricas e circunstanciais. A arquitetura como parede entre o interior e o exterior converte-se no registro espacial dessa resolução e em seu drama. E, ao reconhecer a diferença entre o interior e o exterior, a arquitetura abre a porta, uma vez mais, para um ponto de vista urbanístico.

10

O compromisso para com o todo difícil

*... Toledo [Ohio] era muito bela.**

Uma arquitetura de complexidade e acomodação não abandona o todo. De fato, referi-me a um compromisso especial em relação ao todo porque o todo é difícil de realizar. E enfatizei mais a meta de unidade do que a de simplificação numa arte "cuja... verdade [está] em sua totalidade"[45]. É a difícil unidade através da inclusão, em vez da fácil unidade através da exclusão. A psicologia da Gestalt considera que, em termos de percepção, um todo é o resultado de, e ainda mais do que, a soma de suas partes. O todo é dependente da posição, do número e das características inerentes das partes. Um sistema complexo, na definição de Herbert A. Simon, inclui "um grande número de partes que interatuam de um modo não-simples"[46]. O difícil todo numa arquitetura de complexidade e contradição inclui multiplicidade e diversidade de elementos em relações que são inconsistentes ou, no plano perceptivo, estão entre as espécies mais fracas.

No tocante às posições das partes, por exemplo, tal arquitetura encoraja os ritmos complexos e contrapontísticos, em detrimento dos simples e singulares. O "todo difícil" pode incluir também uma diversidade de direções. No que diz respeito ao número de partes num todo, os dois extremos — uma única parte e uma

* Gertrude Stein, *Gertrude Stein's America*, Gilbert A. Harrison (org.), Robert B. Luce Inc., Washington, D.C., 1965.

multiplicidade de partes — são os mais facilmente reconhecidos como "todos": a parte singular ou única é em si mesma uma unidade; e a multiplicidade extrema lê-se como unidade através de uma tendência das partes para mudarem de escala e para serem percebidas como um padrão ou uma tessitura global. A seguir, como todo mais fácil vem a trindade: três é o número de partes compositivas mais comum formando uma unidade monumental em arquitetura.

Mas uma arquitetura de complexidade e contradição engloba também os números "difíceis" de partes — a dualidade e os graus médios de multiplicidade. Se o programa ou a estrutura ditam uma combinação de dois elementos dentro de qualquer das várias escalas de um edifício, isso é uma arquitetura que explora a dualidade e resolve mais ou menos dualidades num todo. Nossa arquitetura recente suprimiu dualidades. A composição indefi-

208

209

nida do todo usada no plano "binuclear" empregado por alguns arquitetos logo depois da II Guerra Mundial era apenas uma exceção parcial a essa regra. Mas nossa tendência para distorcer o programa e subverter a composição a fim de disfarçar a dualidade é refutada por uma tradição de dualidades aceitas, mais ou menos resolvidas, em todas as escalas de edificação e planejamento — desde os portais góticos e as janelas renascentistas até as fachadas maneiristas do século XVI e o complexo de pavilhões de Wren no Hospital de Greenwich. Na pintura, a dualidade tem tido uma tradição contínua — por exemplo, em composições da Madona com o Menino e da Anunciação, em enigmáticas composições maneiristas como *Flagelação* (208), de Piero della Francesca; e na obra recente de Ellsworth Kelly (209), Morris Louis (210) e outros.

O Farmers' and Merchants' Union Bank, de Sullivan, em Columbus, Wisconsin (211), é excepcional em nossa recente arqui-

211

210

tetura. A difícil dualidade é patente. A planta reflete o espaço interior bissecionado que acomoda o público e os funcionários em lados opostos do balcão perpendicular à fachada. Do lado de fora, a porta e a janela refletem, niveladas, essa dualidade: elas próprias são bissecionadas pelas colunetas suspensas acima. Mas as colunetas, por sua vez, dividem o lintel em três com um painel central dominante. O arco acima do lintel tende a reforçar a dualidade porque brota do centro do painel embaixo; no entanto, por sua unicidade e suas dimensões dominantes, resolve também a dualidade formada pela janela e a porta. A fachada é composta pelo jogo de diversos números de partes — elementos singulares, assim como aqueles divididos em dois ou três são quase igualmente proeminentes —, mas a fachada como um todo faz uma unidade.

A psicologia da Gestalt também mostra que a natureza das partes, assim como seu número e sua posição, influencia a percepção de um todo e faz ainda uma outra distinção: o grau de integralidade pode variar. As partes podem constituir mais ou menos um todo em si mesmas ou, em outras palavras, podem em maior ou menor grau ser fragmentos de um todo maior. As propriedades da parte podem ser mais ou menos articuladas; as propriedades do todo podem ser mais ou menos acentuadas. Nas composições complexas, um compromisso especial em direção ao todo incentiva a parte fragmentária ou, como diz Trystan Edwards, ocorre "inflexão"[47].

A inflexão em arquitetura é o modo como o todo é subentendido pela exploração da natureza de cada uma das partes, mais do que por sua posição ou por seu número. Ao inflectir para algo fora de si mesmas, as partes contêm seu próprio encadeamento: as partes inflectidas são mais integrais com o todo do que as partes não inflectidas. A inflexão constitui um meio de distinguir diversas partes ao mesmo tempo que subentende continuidade. Envolve a arte do fragmento. O fragmento válido é econômico porque sugere riqueza e significado para além de si mesmo. A inflexão também pode ser usada para realizar o *suspense*, um elemento possível de ser obtido em grandes complexos seqüenciais. O elemento inflectido pode ser chamado um elemento de funcionamento parcial, em contraste com o elemento de dupla função. Em termos de percepção, é dependente de algo fora de si mesmo e em cuja direção se inclina. É uma forma direcional correspondente ao espaço direcional.

O interior da igreja da Madonna del Calcinaio em Cortona (137) é composto por um limitado número de elementos que não são inflectidos. Suas janelas e nichos (212), pilastras e frontões e os elementos articulados de seu altar são todos independentes, simples em si mesmos e simétricos em forma e posição. Somam-se num todo maior. O interior da igreja de peregrinação em Birnau na Baviera (213) contém, entretanto, uma diversidade de in-

212

213

flexões dirigidas para o altar-mor. As curvas complexas das abóbadas e dos arcos, até mesmo as distorções dos capitéis das pilastras, inflectem para esse centro. As estátuas e a multidão de elementos fragmentários dos altares laterais (214) são partes inflectidas, assimétricas na forma e, no entanto, simétricas na posição, as quais se integram num todo simétrico. Essa subordinação das partes corresponde à "unidade unificada" do barroco, na expressão de Wölfflin — que ele contrasta com a "unidade múltipla" da Renascença.

Uma comparação das frontarias do Palácio de Blenheim (215) e de Holkham Hall (216) ilustra o uso da inflexão no exterior. Holkham Hall realiza um extenso todo através da adição de todos similares, que são sempre independentes: a maior parte de seus compartimentos são pavilhões dotados de frontão que podiam ser, por si sós, outros tantos edifícios separados — Holkham Hall

214

quase poderia ser três edifícios enfileirados. Blenheim realiza um todo complexo através de partes fragmentárias, separadas mas inflectidas. Os dois compartimentos nas extremidades do bloco central, um de cada lado, quando considerados isoladamente, são dualidades incompletas em si mesmas. Mas em relação ao todo passam a ser terminações inflectidas para o pavilhão central e uma confirmação do centro com frontão da composição total. Os grandes pilares nos cantos do pórtico e os frontões quebrados acima deles também são inflexões terminais, reforçando analogamente o centro. Os compartimentos nas extremidades dessa enorme fachada formam pavilhões que não estão inflectidos. Talvez sejam a expressão da relativa independência das alas reservadas às cozinhas e aos estábulos. O método de Vanbrugh de criar um todo forte numa fachada tão vasta e diversa, embora simétrica, obedece ao tradicional método que caracterizou a arqui-

215

216

tetura no tempo de Jaime I, um século antes: em Aston Hall (217), as alas da fachada do pátio dianteiro e as torres, os frontões abalaustrados e as janelas inflectem em posição e/ou formato para o centro.

As variadas configurações das alas e janelas, telhados e ornamentos do Orfanato do Bom Pastor, perto de Roma (218, 219, 220), são uma orgia de inflexões de enorme amplitude, semelhantes em escala a Blenheim. Esse complexo neobarroco de Armando Brazini (bizarro em 1940 e francamente discutível para um orfanato de meninas) compõe de forma surpreendente uma multidão de diversas partes num todo difícil. Em todos os níveis de escala, constitui um exemplo de inflexões dentro de inflexões sucessivamente dirigidas para diferentes centros — em direção da curta frontaria ou, como anticlímax, o pequeno zimbório perto do centro do complexo, com sua cúpula incomumente grande. Quando nos colocamos perto o bastante para ver um elemento menor de inflexão, precisamos às vezes girar quase cento

217

218

219

e oitenta graus a fim de ver sua contraparte a uma grande distância. Um elemento de suspense é introduzido quando caminhamos em torno do enorme edifício. Apercebemo-nos da existência de elementos relacionados por inflexão a elementos já vistos ou ainda não vistos, como o desenvolvimento de uma sinfonia. Como fragmento em planta e elevação, a composição assimétrica de cada ala está repleta de tensões e implicações a respeito do todo simétrico.

Na escala da cidade, a inflexão pode vir da posição de elementos que não são inflectidos em si mesmos. Na Piazza del Popolo (221), os zimbórios das igrejas gêmeas confirmam cada edifício como um todo separado, mas suas respectivas torres, simétricas uma em relação à outra, tornam-se inflexivas por causa de suas posições assimétricas em cada igreja. No contexto da *piazza*, cada edifício é um fragmento de um todo maior e parte de um portão de acesso ao Corso. Na escala menor da Villa Zeno (222), de Palladio, as posições assimétricas das duas aberturas em arco simétricas

220

221

222

fazem com que os pavilhões das extremidades se inclinem para o centro, reforçando assim a simetria de toda a composição. Essa espécie de inflexão do ornamento assimétrico dentro de um todo simétrico é um motivo dominante na arquitetura rococó. Por exemplo, nos altares laterais em Birnau (214), e nos característicos pares de castiçais (223), ou cães de lareira, portas ou outros elementos, a inflexão do *rocaille* é parte de uma assimetria dentro de uma simetria mais ampla que exagera a unidade e cria, no entanto, uma tensão no todo.

A direção é um meio de inflexão na Villa Aldobrandini (224). Sua frontaria é articulada em partes ou compartimentos aditivos, mas as diagonais extraordinárias dos frontões fragmentários sobre as extremidades tendem a dirigi-las para o centro e unificam essa imponente fachada. Na planta de Monticello (225), as paredes diagonais circundantes inflectem as extremidades para o foco central. Em Siena, a distorção de sua fachada inflecte o Palazzo Pubblico (226) para sua imponente *piazza*. Nesse caso, a

223

224

distorção é mais um método de confirmação do todo do que de sua ruptura, como no caso da contradição acomodada. Detalhes barrocos, como duplas de pilastras nas extremidades de seqüências de compartimentos pontuadas por pilastras, tornam-se recursos de inflexão porque criam variações em ritmo para terminar uma seqüência. Tais métodos de inflexão são amplamente usados para confirmar o todo — e uma vez que a monumentalidade envolve uma forte expressão do todo, assim como uma certa espécie de escala, a inflexão torna-se também um recurso de monumentalidade.

A inflexão acomoda tanto o todo difícil de uma dualidade quanto o mais fácil todo complexo. É um modo de resolver uma dualidade. A inflexão das torres nas igrejas gêmeas da Piazza del Popolo resolve a dualidade ao sugerir que o centro de toda a composição está localizado no espaço do Corso que a divide ao

226

25

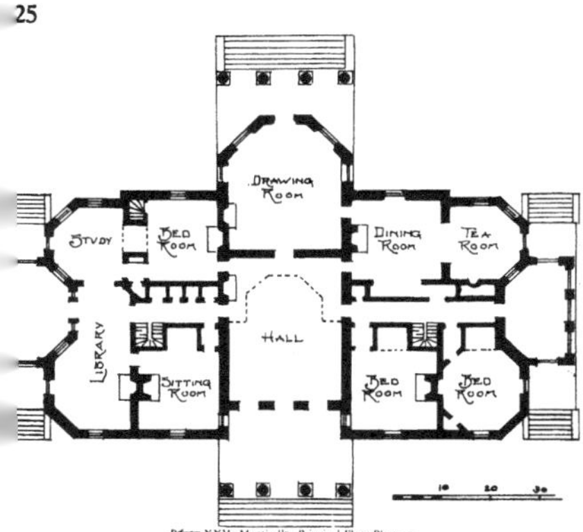

227

meio. No Hospital Real de Wren, em Greenwich (227), a inflexão dos domos por sua posição assimétrica resolve igualmente a dualidade das enormes massas que ladeiam a Queen's House. Essa inflexão realça ainda mais a centralidade e a importância desse diminuto edifício. As dualidades não resolvidas dos pavilhões extremos que fazem frente para o rio, por outro lado, reforçam a qualidade unificadora do eixo central por causa de sua própria desunidade contrastante.

A abside francesa contrasta com a abrupta terminação do coro gótico inglês, porque inflecte para rematar e realça o todo. Na igreja dos Jacobinos em Toulouse (228), a inflexão da abside tende para resolver a dualidade da nave, que é dividida ao meio pela fila de colunas. A abside na biblioteca de Furness, na Universidade da Pensilvânia, resolve da mesma forma a dualidade formada pela parede interior em arco do lado oposto. Uma coluna divide ao meio a nave na extremidade da igreja paroquial de Dingolfing (229), do período gótico tardio, uma igreja do tipo sala de reunião, mas a justaposição do vão central e da janela ao fundo, que deriva da complexa abóbada sobranceira, resolve a dualidade original. A inflexão direcional das paredes laterais da nave da

228

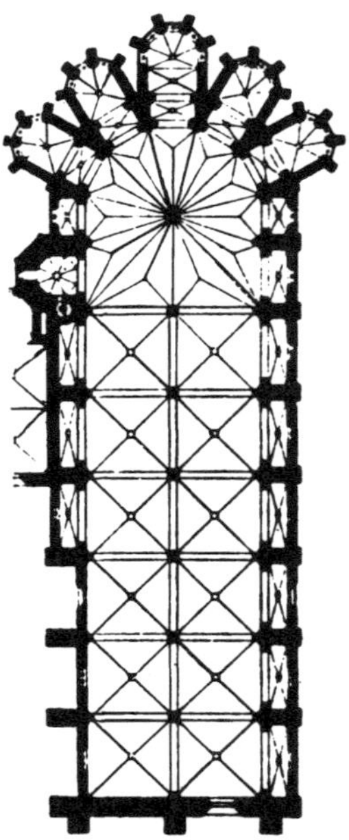

229

igreja paroquial de Rimella (230) neutraliza o efeito desunificador das duas alas da nave. Sua inflexão para o centro aumenta o fechamento e fortalece o todo. Um compartimento intermédio menor também promove a união das duas alas principais.

A obra de Lutyens é abundante em dualidades. A dualidade da fachada da entrada do castelo de Lambay (231), por exemplo, é resolvida pelo formato curvilíneo da abertura no muro justaposto do jardim. Na arquitetura contemporânea, raros exemplos de inflexão são encontrados nos vestigiais frontões quebrados do edifício de apartamentos de Moretti na Via Parioli (10). Eles resolvem parcialmente a dualidade do par de alas que distinguem os conjuntos de apartamentos. A dualidade sutilmente equilibrada do Unity Temple de Wright (232) é desprovida de inflexões, a menos que o pedestal direcional da entrada seja uma.

A arquitetura moderna tende a rejeitar a inflexão em todos os níveis de escala. Na Tugendhat House, nenhum capitel exibe inflexão que comprometa a pureza da forma da coluna, o que significa ignorar as forças cortantes no plano sustentado do telhado. As paredes não são inflectidas por bases nem cornijas, nem por reforços estruturais, como pedras de canto. Os pavilhões de Mies são tão

230

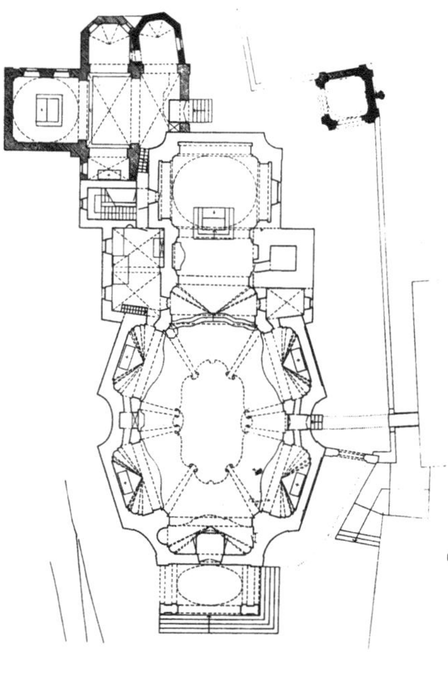

231

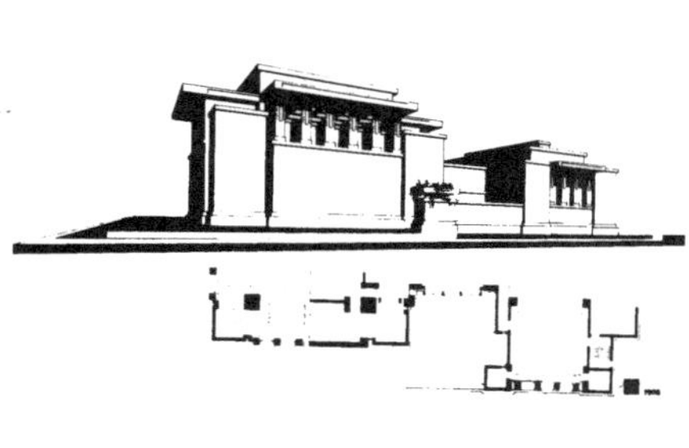

232

interdependentes quanto os templos gregos; as alas de Wright são interdependentes mas encadeadas, em vez de independentes e inflectidas. Entretanto, Wright, ao acomodar seus edifícios rurais a seus locais, reconheceu a inflexão na escala do edifício como um todo. Por exemplo, a Fallingwater é incompleta sem seu contexto — é um fragmento de sua moldura natural, que forma o todo maior. Fora de seu ambiente, não teria qualquer significado.

Se a inflexão pode ocorrer em muitas escalas — desde um detalhe de um edifício até um edifício inteiro —, pode também conter vários graus de intensidade. Graus moderados de inflexão têm uma espécie de continuidade implícita que ratifica o todo. A inflexão extrema torna-se literalmente continuidade. Hoje, enfatizamos nossas oportunidades para expressar continuidades literais de estrutura e materiais — como juntas soldadas, estruturas superficiais delgadas e concreto armado. Com exceção da junta embutida do começo da arquitetura moderna, a continuidade implícita é rara. A falsa junta do vocabulário de Mies tende a exagerar a separação. E Wright, em especial, articula uma junta mediante uma mudança no perfil quando existe uma mudança no material — uma expressiva manifestação da natureza dos materiais na arquitetura orgânica. Mas um contraste entre a continuidade ex-

233

pressiva e a descontinuidade real de estrutura e materiais é uma característica da fachada do dormitório de Saarinen na Universidade da Pensilvânia. Em corte, suas curvas contínuas desafiam as mudanças de materiais, estruturas e uso. Nas paredes precisas de Machu Picchu (233), o mesmo perfil é continuado pela articulação entre a obra em alvenaria e a rocha *in situ*. O formato em arco da abertura da entrada de Ledoux em Bourneville (58) engloba dois gêneros de estrutura (sustentada sobre modilhões e em arco) e dois tipos de material (alvenaria rusticada no topo e alvenaria lisa embaixo). Contradições similares ocorrem no mobiliário rococó. As pernas Cabriole (234) disfarçam a junta e expressam continuidade em seu formato e ornamento. As caneluras contínuas, comuns à perna e à moldura do assento, sugerem continuidade para além da inflexão, o que é, de certo modo, contraditório com o material e o relacionamento estrutural desses elementos separados da estrutura. O onipresente *rocaille* é um outro recurso ornamental para a expressiva continuidade comum à arquitetura e ao mobiliário rococó.

Alguns dos primeiros interiores de Wright (235) equiparam-se, no motivo das ripas de madeira, aos interiores rococó repletos de *rocaille* (236). No Unity Temple e na Casa Evans (235), essas

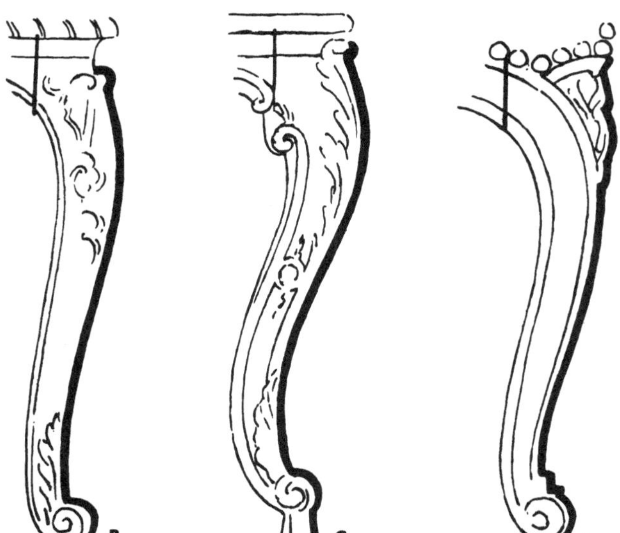

234

ripas de madeira são usadas nos móveis, paredes, tetos, instalações elétricas e mainéis de janelas, e o padrão é repetido nos tapetes. Tal como no rococó, um motivo contínuo é usado para obter-se um conjunto forte, expressivo daquilo que Wright denominou plasticidade. Ele empregou um método de continuidade implícita por razões expressivas válidas e em contradição irônica com seu dogma da natureza dos materiais e sua declarada aversão ao rococó.

Por outro lado, uma arquitetura de complexidade e contradição pode reconhecer uma *des*continuidade expressiva, a qual desmente certa continuidade estrutural. No guarda-corpo do coro da catedral de Modena (237), onde um elemento não-flectido sustenta precariamente um outro em sua expressão visual, ou nos abruptos botaréus das alas não inflectidas da All Saints Church na Margaret Street (93), uma descontinuidade formal está subentendida onde existe uma continuidade estrutural. O portão de Soane no Langley Park (238) é composto de três elementos arquitetônicos totalmente não inflectidos e independentes; além do predomínio do elemento central, os elementos escultóricos é que são inflectidos e conferem unidade às três partes.

235

236

237

A ordem dórica (239) efetua um equilíbrio complexo entre extremos de continuidades e descontinuidades expressivas e estruturais. A arquitrave, o capitel e o fuste são estruturalmente não-contínuos, mas, do ponto de vista expressivo, só em parte o são. Que a arquitrave repouse sobre o capitel é expresso pelo ábaco não inflectido. Mas o equino em relação ao fuste expressa continuidade estrutural compatível com a continuidade expressiva. Os elementos horizontais e verticais no Terminal da T.W.A., de Saarinen, e a Endless House, de Frederick Kiesler, estão sem contradição estrutural: eles são contínuos por toda a parte. Entretanto, o concreto pré-moldado que é montado oferece combinações ambíguas de continuidade e descontinuidade, estruturais e expressivas. As superfícies do Edifício de Administração da Polícia na Filadélfia incluem padrões de juntas aparentes separando elementos pré-moldados cujas inflexões curvilíneas, porém, originam perfis contínuos — um jogo paradoxal de continuidade e descontinuidade inerente à expressão e à estrutura da arquitetura.

239

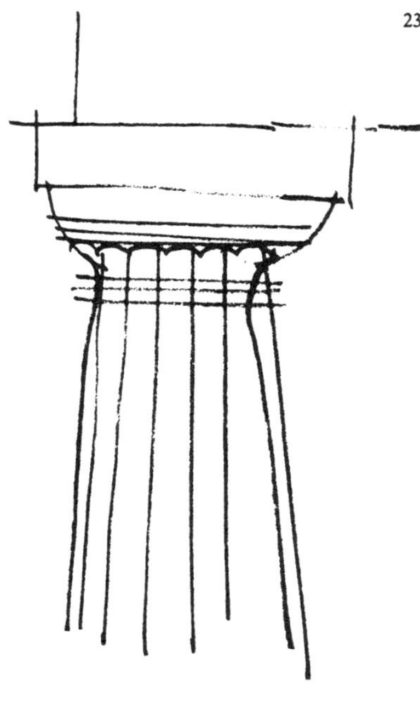

238

Uma espécie de continuidade ou inflexão implícita é inerente à "forma grupal" de Maki. Esta, a terceira categoria na designação de arquitetura complexa que ele designa como "forma coletiva", inclui partes "gerativas", com suas próprias "conexões", e todos em que o sistema e a unidade são integrais. Ele se referiu a outras características da forma grupal que indicam algumas das implicações da inflexão em arquitetura. Uma coerência entre as partes básicas e suas relações seqüenciais permite um crescimento no tempo, uma compatibilidade de escala humana e uma sensibilidade para a topografia específica do complexo.

A "forma grupal" contrasta com a outra categoria básica de Maki, a "megaforma". O todo, que é dominado por relações hierárquicas das partes, mais do que pela natureza inflexiva inerente às partes, também pode ser uma característica da arquitetura complexa. A hierarquia está implícita numa arquitetura de muitos níveis de significado. Envolve configurações de configurações — as inter-relações de numerosas ordens de forças variáveis para se chegar à realização de um todo complexo. Na planta da Christ Church, em Spitalfields (240), é a seqüência de ordens de suportes — inferiores, superiores e centrais; grandes, pequenos e médios — que forma o todo hierárquico. Ou na fachada de um palácio de Palladio (48), são as justaposições e adjacências de partes (pilastras, janelas e molduras) e os contrastes de grande, pequeno e relativamente importante que conduzem o olho para o todo.

A amarração dominante é uma outra manifestação das relações hierárquicas de partes. Manifesta-se no padrão consistente (a ordem de espécie temática), assim como por ser o elemento dominante. Não é um todo difícil de realizar. No contexto de uma arquitetura de contradição pode ser uma duvidosa panacéia, como a nevasca que unifica uma paisagem caótica. Na escala da cidade no período medieval, o elemento dominante é a muralha ou o castelo. No barroco, é o eixo da rua contra o qual agem diversidades menores. (Em Paris, o eixo rígido é confirmado por longas cornijas coroando o topo dos edifícios, enquanto em Roma o eixo tende a ziguezaguear e é realçado pela ligação de praças com obeliscos.) A amarração axial na planificação barroca reflete, por vezes, um programa criado por uma autocracia, a qual podia facilmente excluir elementos que hoje devem ser considerados. A circulação arterial pode ser um expediente dominante no planejamento urbano contemporâneo. De fato, no programa, a amarração sistemática é representada com enorme freqüência pela circulação. Na construção civil, a amarração sistemática é geralmente dada pela ordem estrutural principal. Trata-se de um recurso importante na arquitetura de viadutos de Kahn e nas formas coletivas de Tange para Tóquio. A amarração dominante constitui um expediente útil para renovações. James Ackerman referiu-se à predileção de Michelangelo por "justaposições simétricas de acentos diagonais em planta e elevação" em seu projeto para S. Pedro, o qual era essencialmente uma renovação de construção anterior. "Mediante o uso de massas de parede diagonais para unir os braços da cruz, Michelangelo pôde dar a S. Pedro uma unidade que faltava aos projetos anteriores."[48]

A amarração dominante, como um terceiro elemento para a ligação de uma dualidade, constitui um modo menos difícil de

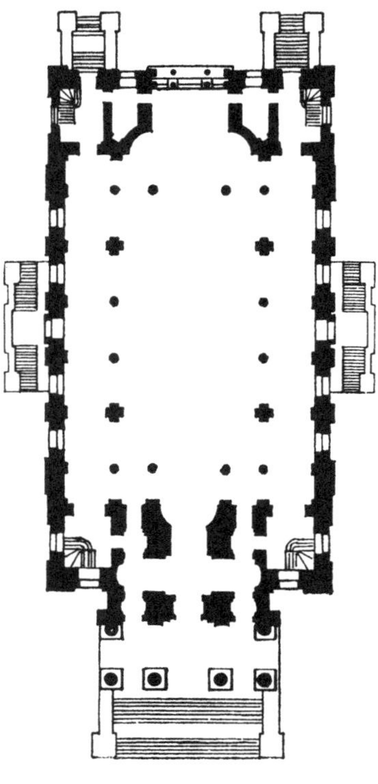

240

resolver uma dualidade do que a inflexão. Por exemplo, o grande arco resolve sem ambigüidade de nenhuma espécie a dualidade da janela dupla no palácio florentino renascentista. A fachada de igreja dupla de S. Antônio e S. Brígida (241), por Fuga, é resolvida por frontões quebrados inflectidos — mas também por um terceiro elemento ornamental que domina o centro. Do mesmo modo, a fachada de S. Maria della Spina, em Pisa (242), é dominada por um terceiro frontão. Na planta, os vãos coroados por zimbórios da Igreja da Imaculada Conceição de Guarini, em Turim (14), são inflectidos no formato, mas também são resolvidos por um pequeno vão intermediário. O frontão ornamental no centro da elevação de Charleval (243) é também um terceiro elemento dominante, e o mesmo acontece à empena e à escada na frente da casa de agricultor perto de Chieti (244) — semelhante, nesse contexto, à função da escada na entrada de Stratford Hall, Virgínia (245). Não existe inflexão na composição da Villa Lante

241

242

243

(246), mas um eixo entre os dois pavilhões iguais, o qual converge para uma escultura colocada num eixo transversal, domina os pavilhões gêmeos como um terceiro elemento, enfatizando assim o todo.

Mas um relacionamento mais ambiguamente hierárquico das partes não inflectidas gera um todo perceptivo mais difícil. Esse todo é composto por iguais combinações de partes. Embora a idéia de combinações iguais esteja relacionada com o fenômeno "tanto... como", e muitos exemplos se apliquem a ambas as idéias, "tanto... como" refere-se mais especificamente à contradição em arquitetura, enquanto as combinações iguais referem-se mais à unidade. Com combinações iguais, o todo não depende da inflexão, ou das relações mais fáceis da amarração dominante ou da consistência de padrão. Por exemplo, na Porta Pia (110, 111), o número de cada espécie de elemento na composição da porta e da parede é quase igual — não há um só elemento que domine. Uma vez que as variedades de formas (retangulares,

244

245

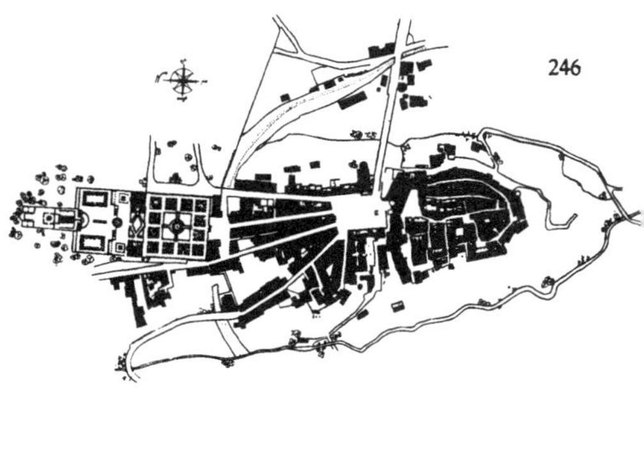

246

quadradas, segmentares e redondas) são quase iguais em número de exemplares, evita-se o predomínio de qualquer delas, e as variedades de direção iguais (vertical, horizontal, diagonal e curva) têm o mesmo efeito. Existe, do mesmo modo, diversidade igual no tamanho dos elementos. As combinações iguais de partes realizam um todo através da sobreposição e da simetria, em vez da dominância e da hierarquia.

A janela acima do portal de Sullivan no Merchants' National Bank em Grinnell, Iowa (112), é quase idêntica à Porta Pia em sua justaposição de um número igual de molduras redondas, quadradas e romboidais de igual tamanho. As diversas combinações numéricas analisadas em sua fachada do Columbia Bank (grupos de elementos envolvendo uma, duas e três partes) têm quase igual valor na composição. Entretanto, a unidade é aí baseada mais na relação de camadas horizontais do que na sobreposição. O auditório (104) explora a complexidade de direções e ritmos que tal programa pode gerar. Os simples semicírculos do ornamento mural, a estrutura e os apliques de teto segmentares contrabalançam, em planta e seção, as curvas complexas dos arcos do proscênio, as filas de cadeiras, os declives do balcão, os camarotes e os consolos das colunas. Estes, por sua vez, contrapõem-se às relações retangulares de tetos, paredes e colunas.

Esse sentido do equívoco em grande parte da obra de Sullivan (pelo menos onde o programa é mais complexo do que o de um arranha-céu) assinala um outro contraste entre ele e Wright. Raramente Wright expressaria a contradição inerente a combina-

247

ções iguais. Ele preferiu, em vez disso, resolver todos os tamanhos e formatos numa ordem de padrões — uma só ordem predominante de círculos ou retângulos ou diagonais. O projeto da Casa Vigo Schmidt é um padrão coerente de triângulos, a Casa Ralph Jester de círculos e a Casa Paul Hanna de hexágonos.

Combinações iguais são usadas para realizar um todo no complexo Centro Cultural de Aalto em Wolfsburg (78). Ele não dispersa as partes nem as torna similares, como Mies faz no I.I.T. Como sublinhei antes, ele realiza um todo combinando um número quase igual de elementos diagonais e retangulares. S. Maria delle Grazie, em Milão (247), realiza combinações iguais numa forma extrema, contrastando formas opostas em sua composição exterior. A composição triângulo-retângulo dominante na parte da frente combina-se com a composição círculo-quadrado dominante na parte traseira. A igreja da Auto-estrada (4), de Michelucci, tal como a Igreja do Santo Sepulcro em Jerusalém (só a planta na ilustração 101), consistem em combinações quase iguais de direções e ritmos contrastantes em colunas, pilares, paredes e telhados. Uma composição semelhante é a da Sala de Concertos da Filarmônica de Berlim (248). As formas plásticas da arquitetura

248

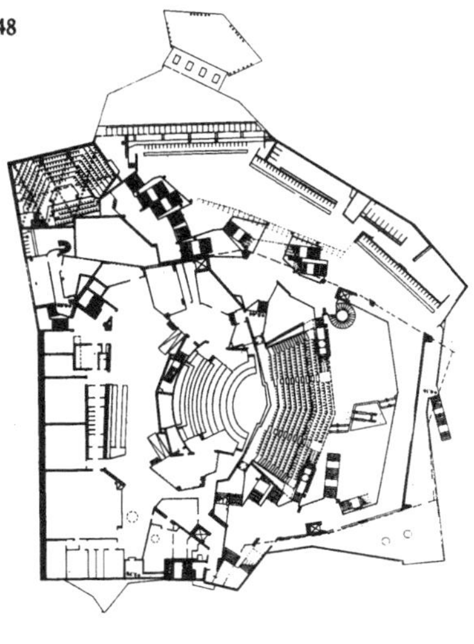

249

autóctone mediterrânea (249) são simples na textura, mas retângulos, diagonais e segmentos são ostensivamente combinados. A mesa de toucador de Gaudí na Casa Güell (250) representa uma orgia de contrastantes dualidades de forma: extrema inflexão e continuidade combinam-se com violentas adjacências e descontinuidades, curvas simples e complexas, retângulos e diagonais, materiais contrastantes, simetria e assimetria, a fim de acomodar uma multiplicidade de funções num só todo. Na escala de mobiliário, o sentido predominante do equívoco está expresso na cadeira ilustrada em (103). A configuração de seu espaldar é curvilínea e sua frente é retangular. Não é dessemelhante, em sua difícil composição, à cadeira em madeira e metal de Aalto, ilustrada em (251).

O todo inclusivo é inerente a uma arquitetura de opostos. A unidade do interior da igreja de Imatra ou do complexo em Wolfsburg não é conseguida mediante supressão ou exclusão, mas por meio da inclusão dramática de partes contraditórias ou circunstanciais. A arquitetura de Aalto reconhece as difíceis e sutis condições do programa, ao passo que a arquitetura "serena", por outra parte, opera simplificações.

250

251

Entretanto, o compromisso para com o todo numa arquitetura de complexidade e contradição não exclui o edifício que não esteja resolvido. Poetas e autores teatrais reconhecem dilemas sem soluções. A validade das interrogações e a nitidez do significado é o que faz com que suas obras sejam mais arte do que filosofia. Um objetivo da poesia pode ser a unidade de expressão, mais do que a resolução de conteúdo. A escultura contemporânea é freqüentemente fragmentária, e hoje apreciamos as Pietàs inacabadas de Michelangelo mais do que sua primeira obra, porque o conteúdo daquelas é sugerido, sua expressão mais imediata e suas formas são completadas para além de si mesmas. Um edifício também pode ser mais ou menos incompleto na expressão de seu programa e de sua forma.

A catedral gótica, como Beauvais, por exemplo, da qual só o enorme coro foi construído, é freqüentemente inacabada em relação a seu programa; no entanto, é completa no efeito de sua forma por causa da consistência de padrão de suas muitas partes. O programa complexo, que é um processo, continuamente mudando e crescendo no tempo, mas, em cada fase, relacionado em algum nível com o todo, deve ser reconhecido como essencial na escala da planificação urbana. O programa incompleto é válido também para um único e complexo edifício.

Cada uma das igrejas gêmeas fragmentárias na Piazza del Popolo é, entretanto, completa no nível do programa mas incompleta na expressão formal. A extraordinária torre assimetricamente colocada, como vimos, inflecte cada edifício no sentido de um todo maior, fora de si mesmo. O edifício muito complexo que, em sua forma aberta, é incompleto, relaciona-se em si mesmo com a "forma grupal" de Maki; é a antítese do "edifício singular perfeito"[49] ou do pavilhão fechado. Como fragmento de um todo maior num contexto maior, esse gênero de edifício relaciona-se mais uma vez com a amplitude da planificação urbana como um meio de aumentar a unidade do todo complexo. Uma arquitetura que pode simultaneamente reconhecer níveis contraditórios deve estar apta a admitir o paradoxo do todo fragmento, ou seja, o edifício que é um todo num nível e um fragmento de um todo maior num outro nível.

Em *God's Own Junkyard*, Peter Blake comparou o caos da Main Street comercial com a boa ordem e o equilíbrio sereno da

Universidade da Virgínia (252, 253). Além da irrelevância da comparação, a Main Street não é quase satisfatória? Na verdade, a faixa comercial de uma Route 66 não é quase satisfatória? Como disse, nossa indagação é a seguinte: que leve alteração de contexto pode torná-las plenamente satisfatórias? Talvez mais letreiros mais moderados. Em *God's Own Junkyard*, ilustrações da Times Square (praça de Nova York) e de pequenas cidades à margem de rodovias são comparadas com ilustrações de aldeias e campos bucólicos da Nova Inglaterra. Mas as imagens nesse livro que se presume serem ruins são freqüentemente boas. As justaposições aparentemente caóticas de elementos vulgares expressam uma intrigante espécie de vitalidade e validade e produzem também uma inesperada abordagem da unidade.

É verdade que uma interpretação irônica como essa resulta em parte da mudança de escala do tema em forma fotográfica e da mudança em contexto nos enquadramentos dos fotógrafos. Mas em algumas dessas composições existe um sentido inerente de unidade não muito longe da superfície. Não é a unidade fácil ou óbvia derivada da amarração dominante ou da ordem de pa-

252

253

drão em composições mais simples e menos contraditórias, mas a derivada de uma ordem complexa e ilusória do todo difícil. É a composição tensa que contém relações contrapontísticas, combinações iguais, fragmentos inflectidos e dualidades reconhecidas. É a unidade que "mantém no limite um controle sobre os elementos conflitantes que a compõem. O caos está muito próximo; mas sua proximidade, ao querermos evitá-lo, incute... força"[50]. No edifício ou na paisagem urbana validamente complexo, o olho não quer ser satisfeito facilmente demais, ou rapidamente demais, em sua busca de unidade num todo.

Algumas das brilhantes lições da pop art, envolvendo contradições de escala e contexto, deveriam ter despertado os arquitetos dos afetados sonhos de ordem pura que, lamentavelmente, são impostos nas fáceis unidades gestaltistas dos projetos de renovação urbana da arquitetura moderna institucional, mas que, felizmente, são na realidade impossíveis de realizar em qualquer grande escala. E talvez seja da paisagem cotidiana, vulgar e menosprezada, que possamos extrair a ordem complexa e contraditória que é válida e vital para nossa arquitetura como um todo urbanístico.

11

Obras

1. Projeto, Casa Pearson, Chestnut Hill, Pa., Robert Venturi, 1957. (254-259)

Este projeto para uma casa foi realizado em 1957. É uma rara manifestação da idéia de múltiplo encerramento em minha obra porque camadas de encerramento requerem programas de uma escala que eu não tivera ainda a oportunidade de explorar. Envolve coisas dentro de coisas e coisas atrás de coisas. Explora a idéia de camadas espaciais contrastantes entre o interior e o exterior na série de paredes paralelas na planta e nos domos internos abertos sustentados por estruturas diagonais em seção; a idéia de justaposição rítmica, contrapontística, na relação das aberturas entre pilares da varanda, e das janelas inferiores e superiores e das cúpulas acima dos domos internos; e a idéia de

254

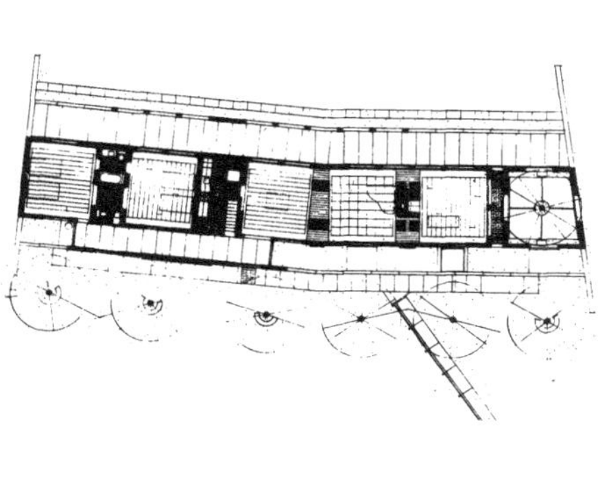

255

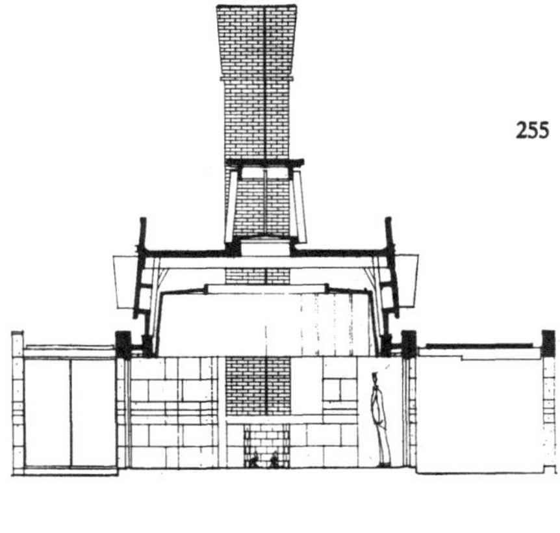

uma série de espaços em suíte, que são genéricos no formato e não específicos na função, separados por espaços de serviço específicos no formato e na função.

256

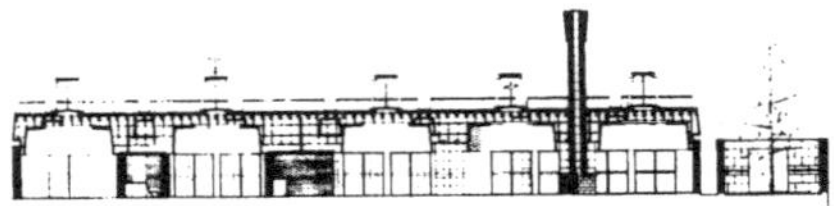

257

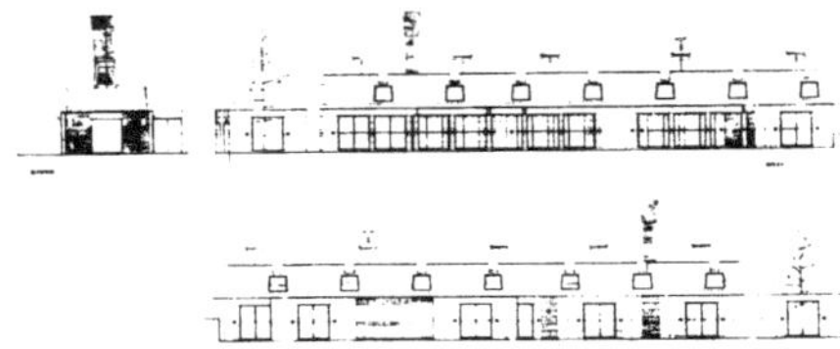

258

259

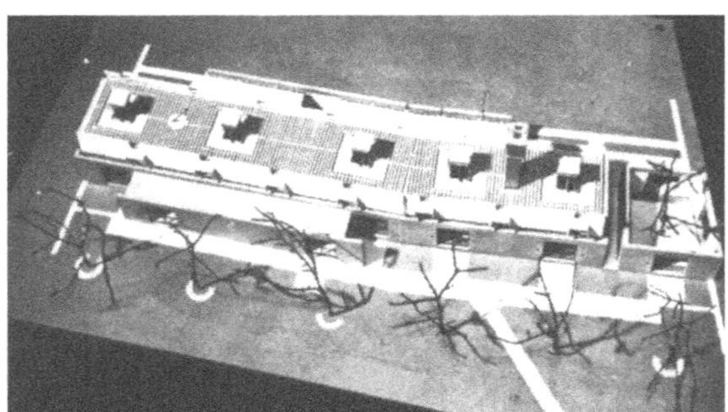

2. Renovações da Casa James B. Duke, Instituto de Belas-Artes da Universidade de Nova York, Robert Venturi, Cope e Lippincott, Arquitetos Associados, 1959. (260-264)

Esta mansão da parte superior da Quinta Avenida foi doada ao Instituto de Belas-Artes para uso como escola de graduação em História da Arte. Foi projetada por Horace Trumbauer em 1912; seus interiores são de Alavoine. É uma cópia do Hôtel Labottière em Bordeaux em seu exterior, mas foi dilatado em esca-

260

261

262

la e ampliado em dimensões — uma escala Luís XIV num edifício Luís XVI. Seus detalhes eduardianos-Luís XVI são excepcionalmente refinados tanto no exterior como no interior.

Nossa abordagem foi tocar o interior o menos possível e criar harmonia entre o antigo e o novo por meio de justaposições contrastantes: separar a junção entre as antigas e as novas camadas, criar mudanças adicionando em vez de modificar elementos interiores existentes, considerar os novos elementos como mobiliário e não como arquitetura e usar móveis e equipamentos comuns e padronizados mas realçados por esse ambiente incomum. Esses elementos são as cadeiras de madeira recurvada e as prateleiras de aço Remington Rand da biblioteca, cuja geometria retangular foi sobreposta à dos panos da parede mas separada deles por hastes de bronze especialmente desenhadas com um detalhe corrediço para evitar as molduras e — desde o chão — por sapatas especialmente desenhadas para os montantes.

263

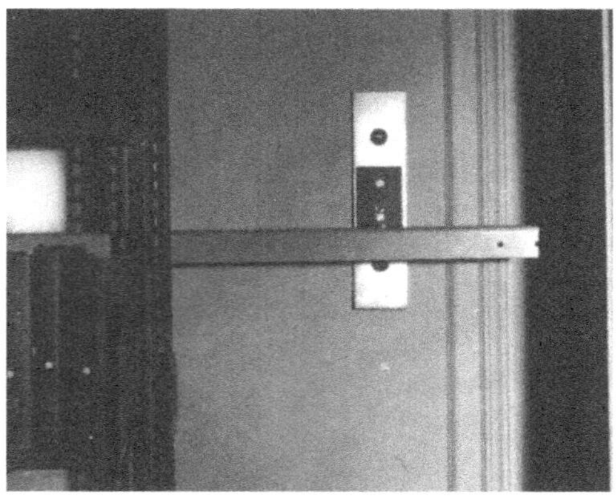

264

3. Projeto para uma Casa de Praia, Robert Venturi, 1959. (265-271)

Este chalé de fins-de-semana, implantado entre as dunas de uma praia, está de frente para o oceano. Contém acomodações extremamente simples, visto esperar-se que seus moradores passem a maior parte do tempo na praia. Há um pequeno terraço sobranceiro à beira-mar e um mirante no telhado, ao qual se tem acesso por escada e alçapão perto da chaminé.

As paredes são em estrutura de balão. O telhado é em pranchas de madeira, fixadas com pregos oblíquos, de modo que toda a construção é uma armação superficial e, ao mesmo tempo, quase uma estrutura. Ocorre uma exceção no clerestório invertido e na abertura da frontaria, onde o vão é excepcionalmente extenso e há alguns membros convenientes de estrutura: um piloti e algumas vigas. Essa exceção no centro torna a armação

265

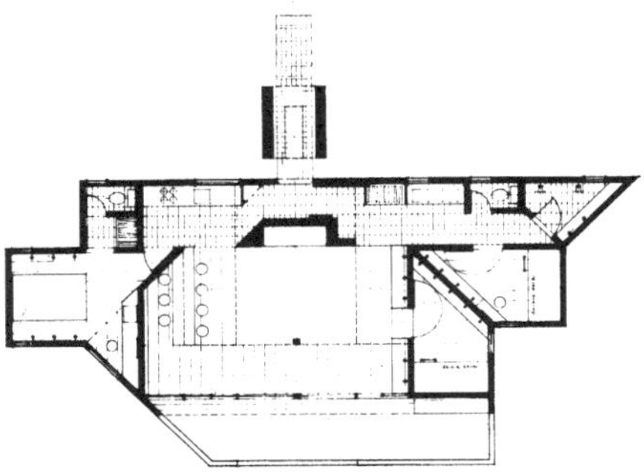

266

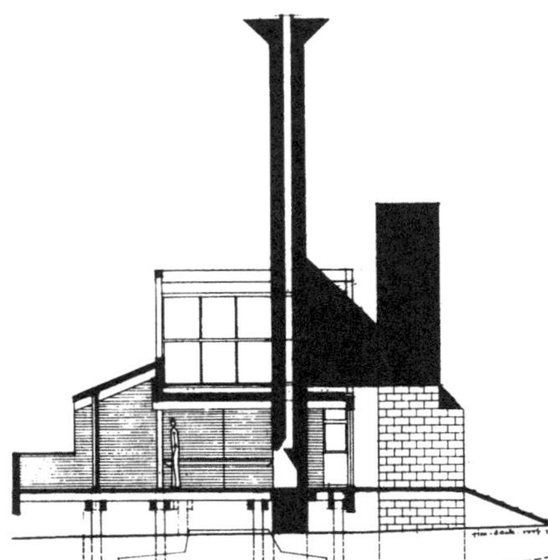

267

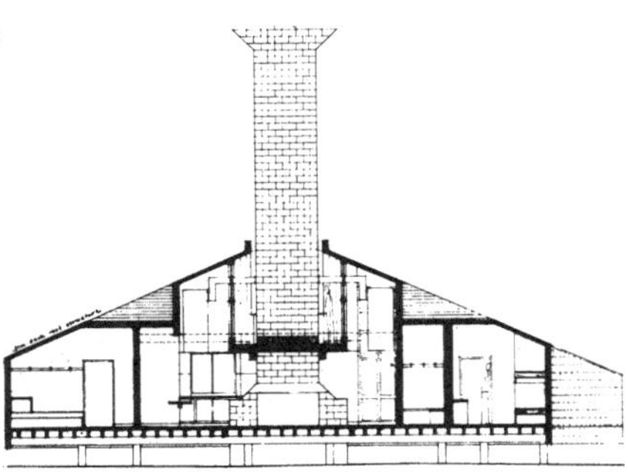

superficial geral mais evidente. (O piso está erguido sobre estacas e vigas de madeira.)

Expressivamente, a casa tem apenas duas elevações: a frente, orientada para o mar, e os fundos, por onde se faz a entrada. Não tem lados, por assim dizer; e a frente é diferente dos fundos para expressar sua inflexão direcional no sentido da vista do oceano. A lareira-chaminé, situada do centro para a retaguarda, é um foco para as paredes diagonais, que irradiam dali, no início simetricamente, para formar os espaços interiores. Por causa dessas complexas figurações em elevação e planta, o telhado é de três e de duas águas ao mesmo tempo, e sua forma simétrica original é distorcida nas extremidades do edifício por várias exigências interiores, bem como por forças exteriores de orientação e vista. Mais especificamente, as exigências espacial-expressivas exterio-

268

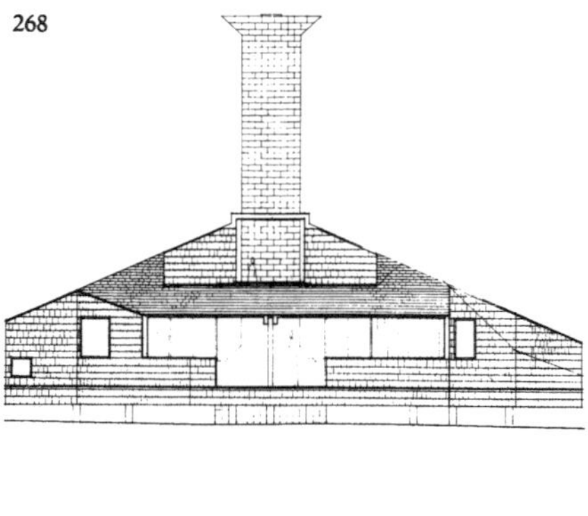

269

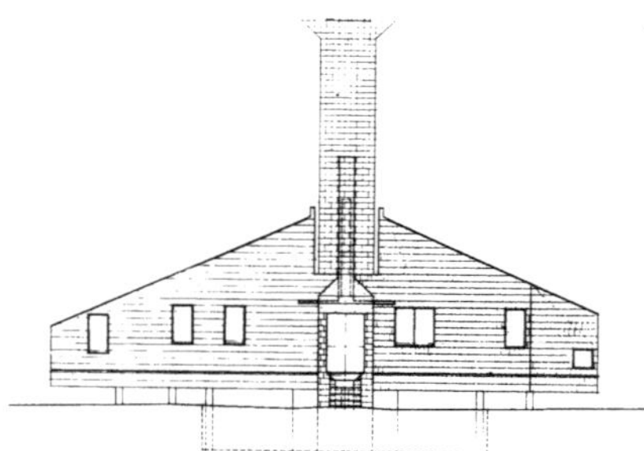

270

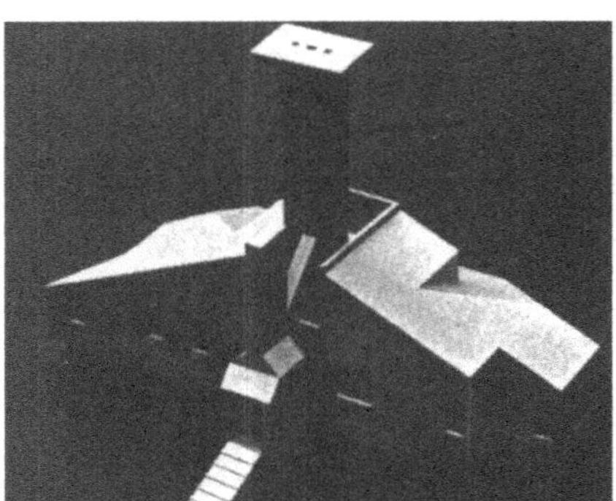

271

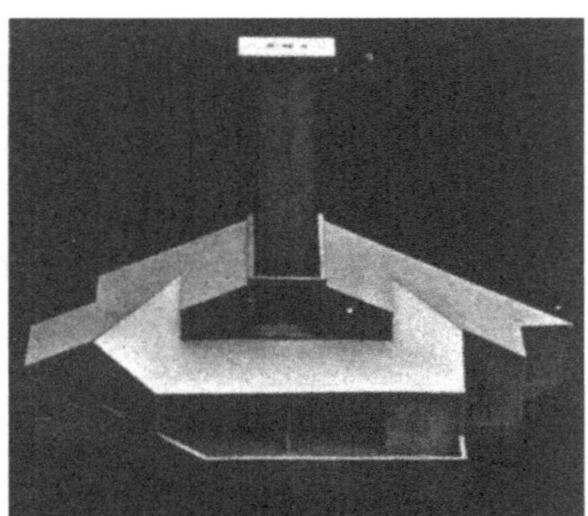

res de uma casa "sem lados", orientada em função da vista, dominam as necessidades espaciais secundárias de uma movimentação interna.

Toda a superfície externa é em placas de cedro natural. Na junção entre o telhado e a parede, o acabamento em madeira é minimizado para fazer com que telhado e parede pareçam mais contínuos. As escamas parcialmente sobrepostas das paredes terminam num rodapé sobre as estacas. As aberturas das janelas e da varanda rasgam orifícios de dimensões variáveis na superfície contínua. As superfícies interiores, visíveis além das janelas e desde a varanda, são de tábua pintada em cores contrastantes, como o forro de uma capa. Os intradorsos das aberturas, onde a superfície da parede recebe cortes, também são pintados em cores contrastantes. As placas nunca tocam o bloco da chaminé e seu botaréu, o qual se divide perto de sua base e forma também um vestíbulo aberto.

4. **Edifício-Sede da North Penn Visiting Nurse Association, Venturi e Short, 1960.** (272-277)

Razões econômicas ditaram um pequeno edifício com construção convencional. O ambiente sugeriu uma escala ousada e uma forma simples para compensar os grandes edifícios em torno. O programa ditou, porém, um interior complexo, com grande variedade de espaços e acomodações especiais de armazenagem. O estacionamento em área plana para cinco automóveis do pessoal no terreno íngreme da edificação requereu a construção de um muro de arrimo no pátio de estacionamento. E uma entrada para pedestres com um mínimo de degraus externos ditou também um edifício localizado imediatamente à rua.

O edifício resultante é uma caixa distorcida ao mesmo tempo simples e complexa. Como são adjacentes e de área semelhante, o pátio e o edifício estabelecem uma dualidade. A proa

272

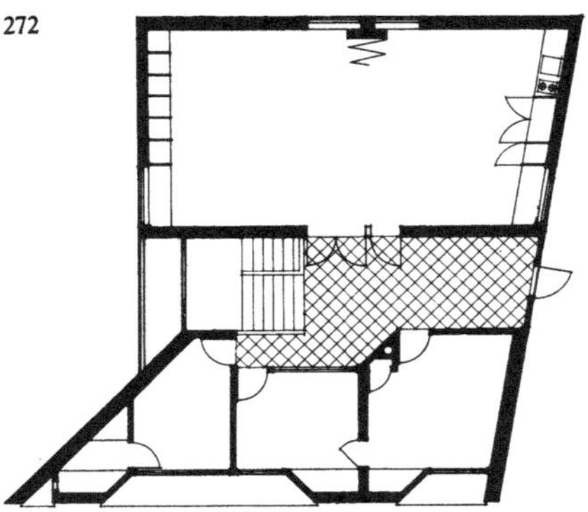

273

274

do edifício atua como uma inflexão na direção do pátio para resolver a dualidade; no entanto, essa distorção do edifício tipo caixa reforça simultaneamente a dualidade ao complementar a parede curva no lado oposto do estacionamento e ao tornar assim o pátio mais simétrico e, por conseguinte, independente do edifício. Nesse ponto, o edifício é mais escultural do que arquitetural. As forças espaciais externas dominam as forças internas, e ele está projetado de fora para dentro. O interior "desgracioso" criado aí é um espaço subordinado — meramente o quarto escuro do dentista.

As distorções também atuam no lado aberto da dualidade: a leve curva do muro de arrimo no pátio essencialmente retangular reconhece a pressão da terra atrás dele e resiste a ela. A caixa do edifício é ainda mais distorcida pela parede leste, paralela ao limite da propriedade nesse local semi-urbano. A superfície dessa caixa originalmente simples também está distorcida. As janelas da

275

276

277

frente rasgam-na a fim de proporcionar sacadas inteiramente voltadas para o sul. Também funcionam integralmente com os armários de armazenagem no interior ao longo daquela parede paralela ao vigamento do telhado.

Os recortes das janelas tornam-se grandes e poucos, às vezes conjugados, assim como reentrantes, e aumentam a escala do pequeno edifício. No exterior, a escala das janelas inferiores é aumentada pelo artifício de uma extensa moldura — nesse caso, uma moldura de madeira justaposta que acomoda a contradição entre as escalas interior e exterior.

O complexo posicionamento das janelas e aberturas dessa fachada também contrabalança a simplicidade da caixa. Não são posições aleatórias, mas, antes, uma série rítmica originalmente regular, distorcida por complexidades e circunstâncias interiores.

A entrada pelo lado do pátio numa plataforma intermediária é igualmente complexa na composição e ousada na escala. É formada quase igualmente de elementos retangulares, diagonais e segmentários justapostos de um modo semelhante ao de algumas portas renascentistas. A retangularidade da abertura como um todo resulta da estrutura de blocos e madeira do edifício. Em contraste, o arco não deriva da natureza dos materiais e de sua estrutura de madeira, mas de seu simbolismo como entrada. Além disso, e mais importante, como exceção circunstancial à ordem geral da composição, torna-se um foco. Os montantes diagonais são conveniências analogamente importantes: eles escoram a viga central que sustenta a extensão excepcional das pranchas do telhado nessa abertura e contrastam com o montante que é vertical na ampla abertura da sacada da frente e mais análogo em sua posição à composição do edifício. A grande abertura do arco, apropriada em escala para um edifício cívico, está justaposta às portas em escala humana, que estão resguardadas. Há uma justaposição tanto de escalas quanto de formas.

No que se refere às complexidades do programa do interior, uma noção das dificuldades que era preciso resolver no tocante à armazenagem é corroborada nas reentrâncias alternantes das janelas e dos armários na frente. Uma outra manifestação é a parede diagonal na planta da sala principal — uma outra distorção conveniente para acomodar as complexidades do programa, as quais estão espremidas no interior de seu rígido recinto.

A estrutura discordante de chão e telhado é ajustada às paredes de sustentação do rígido perímetro. A frente do andar térreo é uma placa bidirecional que se amolda às irregulares paredes de sustentação do interior. Travessas de sustentação em aço e madeira para os pisos e o telhado correm paralelas, de várias maneiras, às paredes que contêm combinações de janela e estocagem. Aí, tal como na abertura da entrada, o vão é de pranchas de madeira, as quais permitem que as aberturas e as janelas atinjam a linha da cornija e façam a caixa parecer mais abstrata. Já mencionei o expediente que é o emprego de um montante, vertical ou diagonal, quando a superfície desses vãos se torna excepcionalmente extensa.

Para enfatizar a superfície muito delgada e contradizer a plasticidade da forma da caixa, a superfície de estuque é detalhada com um mínimo de cotovelos por meio das faces laterais dos vãos das janelas, revestidos de madeira. Eu "destruí a caixa", não através de continuidades espaciais mas por distorções circunstanciais.

5. Concurso para o Memorial F.D. Roosevelt, projeto apresentado por Robert Venturi, John Rauch, George Patton e Nicholas Gianopulos, 1960. (278-283)

Esta é uma forma terrestre direcional que contrasta e, por conseguinte, ressalta as formas esculturais brancas dos três importantes memoriais de Washington já existentes nas vizinhanças. Não é uma quarta forma escultural ao lado de um estacionamento. É muitas coisas ao mesmo tempo: um passeio público em mármore branco ao longo do Potomac, que reconhece e utiliza a margem do rio para pedestres; uma rua integral que acomoda o estacionamento dos visitantes e é fechada por muros que formam como que um *canyon* e contrastam com as amplas avenidas ao redor; e, do outro lado, um outeiro de grama verdejante que é o pano de fundo para as cerejeiras em torno do pequeno

278

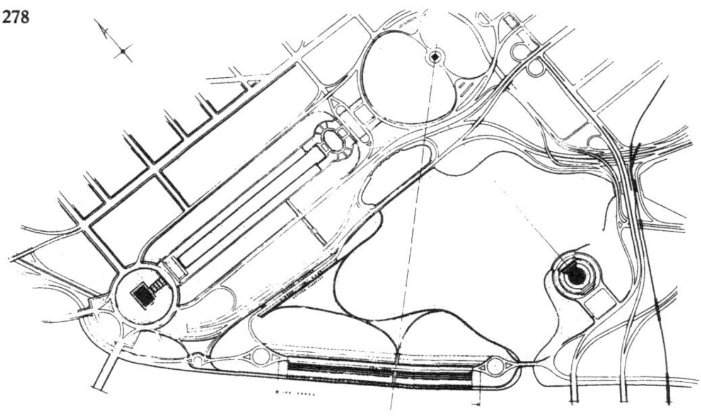

279

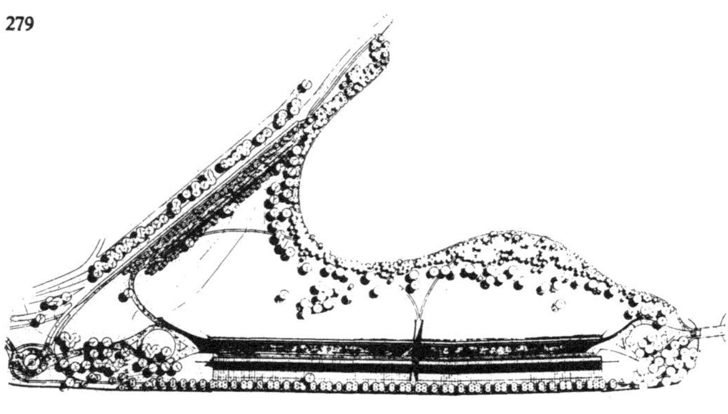

lago. A complexa curva da seção vertical na margem do rio acomoda uma multiplicidade de rampas, escadas e passagens e uma superfície em baixo-relevo, que é um interessante grande plano — entretanto, por sua extrema continuidade, sugerida e concreta, essa curva contribui com uma escala apropriadamente monumental e visível à distância. Do outro lado, a curva contínua em seção acomoda diversos materiais — grama, várias espécies de arbustos, trepadeiras e cobertura de concreto, em seqüência e

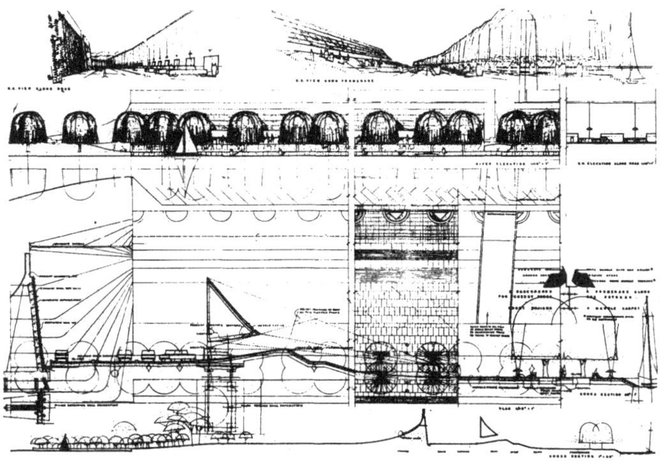

280

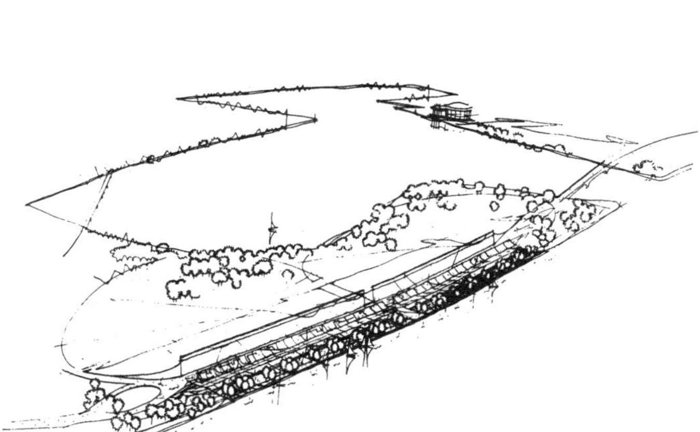

281

em relação com os vários degraus do declive. Uma variedade de espaços é consentida pela seqüência do parque ao ar livre; compacto *canyon* veicular, passagens reservadas para pedestres e um passeio público direcional, valorizado alternadamente por renques de árvores e bancos e, no centro, em eixo com o obelisco de Washington, por uma visão longilínea atravessada por uma pequena ponte veicular.

282

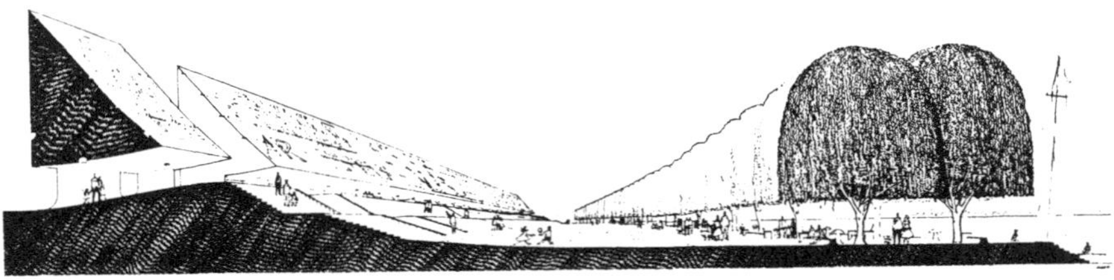

283

6. Renovação de Restaurante na Zona Oeste de Filadélfia. Venturi e Short, 1962. (284-288)

O projeto apresentado para este restaurante envolveu a renovação de duas dilapidadas casas adjacentes cujos andares térreos haviam sido previamente convertidos em lojas. O restaurante devia ser um modesto estabelecimento de bairro para atender estudantes. Os proprietários estipularam que ele devia conservar a atmosfera simples do estabelecimento anterior localizado a uma quadra de distância, conhecido como "Mom's", onde os estudantes "se sentissem à vontade em suas camisetas". O orçamento devia condizer (e assim aconteceu, finalmente) com o caráter modesto do local.

Tanto no interior como na fachada reconhecemos, em vez de disfarçar, a dualidade do *layout* existente, com sua meia parede de sustentação correndo pelo meio do restaurante. Outro ponto

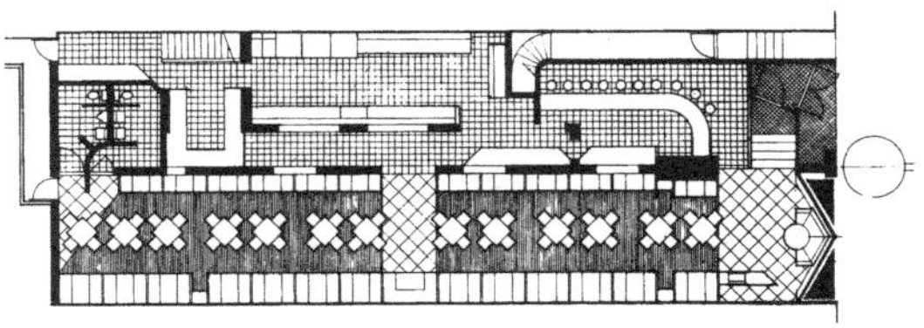

284

285

determinante era uma segunda meia parede paralela, que passou a separar a pequena área de serviço da área da cozinha. O lado oeste acomoda o refeitório, com cabines e mesas; o lado leste, a cozinha, áreas de serviço, banheiros, balcão de atendimento ao público e a entrada. Para além do vestíbulo, à entrada, estão os degraus internos que fazem a transição para o nível mais elevado do térreo das antigas casas. No extremo do lado leste encontra-se o vestíbulo dos futuros apartamentos em cima.

Em vez de encobrir, decidimos explorar o modesto orçamento e, de acordo com o caráter simples do local, em que vidros de *catchup* pontilham todas as mesas, optamos pelo uso de meios e elementos inteiramente convencionais, mas de tal maneira que as coisas mais comuns assumissem um novo significado em seu novo contexto. Isso foi também uma reação às chamadas instalações "modernas" tipicamente pretensiosas que hoje proliferam por aí. Para os principais equipamentos de iluminação usa-

286

287

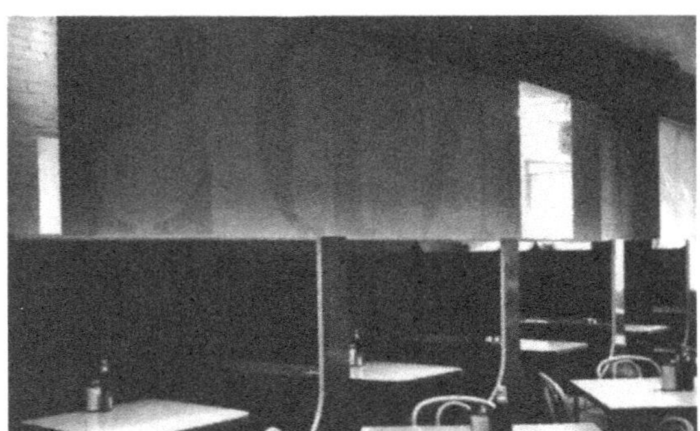

mos grandes *plafonniers* R.L.M. de porcelana branca — um antiquado equipamento industrial que é sólido mas barato e, no contexto que lhe demos, elegante. As cadeiras são de madeira Thonet, objetos de *design* quase anônimo, embora talvez estejam ficando agora muito chiques. As cabines foram planejadas não com os tipos exageradamente baixos e pseudoluxuosos de divisórias que deixam expostos seus ocupantes, mas com o gênero mais alto e tradicional de espaldares, com estofamento confortável mas modesto e um apropriado senso de privacidade. A tubulação do ar-condicionado ficou exposta por economia e para criar a mesma espécie de ornamento casual funcional que se desenvolveu a partir dos antigos ventiladores de teto mecânicos. O teto é em ladrilho acústico, os pisos em ladrilho de concreto pintado em tons alegres.

A ornamentação da parede consiste em letras pintadas, surpreendentemente baratas, no reboco acima dos lambris das cabines. Os modelos das letras que formam o nome do proprietário, as quais se estendem a quase todo o comprimento do recinto, têm o caráter de estêncil tradicional. Na parede em frente, um reflexo direto é justaposto sobre as "janelas" da cozinha aberta. Essas incongruências enfatizam a função mais ornamental, mais decorativa, da tipografia. As enormes letras criam uma escala e uma unidade apropriadas para um lugar público e estabelecem um contraste com a inevitável escala individual das múltiplas mesas e cabines. Além das letras, barras formam debruns que distinguem e camuflam a junção da parede com o teto. O esquema de cores admite valores claros no teto e médios no piso. As paredes continuam a dualidade ao serem de valor médio na metade inferior (o lambri de 1,5 m de altura) e suave acima. As cores são secundárias e joviais mas de caráter masculino. As cores no letreiro externo não estão relacionadas com as do interior, porque o exterior é diferente do interior. São cores primárias e mais brilhantes.

Como esse restaurante é composto de duas casas, sua nova fachada é uma justaposição de um e dois elementos — uma vez mais, um jogo de dualidades. As antigas casas, que têm uma cornija quase contínua, são idênticas nos andares superiores. A dualidade é minimizada pintando esses andares de ponta a ponta num cinza-escuro, neutro. Uma dualidade é necessariamente enfatizada no andar térreo pelo pilar estrutural central entre grandes aberturas. A face da parede não recebeu qualquer tratamento, salvo a pintura cinza-escura. Dentro das molduras das duas aberturas, ocorrem configurações de paredes contrastantemente novas e variadas — côncava na abertura da entrada, convexa na outra. Essas diferenças enfatizam ainda mais a dualidade da fachada no andar térreo.

Mas é o letreiro com superfície de porcelana esmaltada no nível do segundo andar que ousadamente conclui o jogo simultâneo de dualidade e unidade, derivado da composição existente do edifício. Em sua extensão, de uma ponta a outra da fachada, encoraja a unidade; contudo, em sua divisão de cores — azul do lado direito e amarelo do lado esquerdo — sublinha a dualidade do edifício original. Na continuidade das letras vazadas sobre plástico branco, a continuidade é restabelecida de lado a lado.

A xícara atrai também o olhar por ser simultaneamente unificadora e desintegradora. Com ela, o letreiro evolui de duas para três dimensões, de modo que pode ser visto pelos transeuntes que se aproximam paralelamente à fachada, em contraste com a parte plana do letreiro que só pode ser vista a distância. As fo-

288

lhas da xícara, como transição central entre os lados azul e amarelo, são alternadamente azuis e amarelas e mudam visualmente à medida que se vai passando por elas. De noite, as letras adquirem uma luz branca translúcida, e a xícara devia ter seu contorno delineado a néon antes de o letreiro ser modificado pelos proprietários. A aparatosa escala das letras é apropriada a sua função publicitária. E a divisão da palavra explora a dualidade e prende os olhares relutantes em ler anúncios.

No final, os proprietários levaram a melhor e as mudanças por eles introduzidas em nosso projeto viraram uma paródia de nossa paródia original.

7. **Projetos para a Casa Meiss, Princeton, N.J., Venturi e Short, 1962.** (289-295)

O local para esta casa em Princeton era um grande terreno de esquina, plano, voltado para o sul do lado dos fundos, com vista para um antigo estábulo e um campo pertencente ao Institute for Advanced Studies. A área continha alguns pequenos bosques de árvores jovens e um renque de velhas macieiras. O programa pedia um espaçoso gabinete de trabalho para o professor, com fácil acesso tanto da porta da frente quanto de seu pequeno quarto de dormir; abundante espaço particularizado para armazenagem e uma piscina coberta, além dos quartos e das dependên-

289

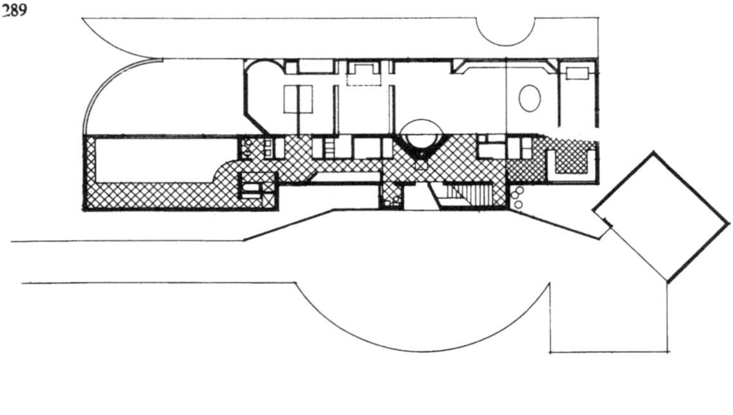

290

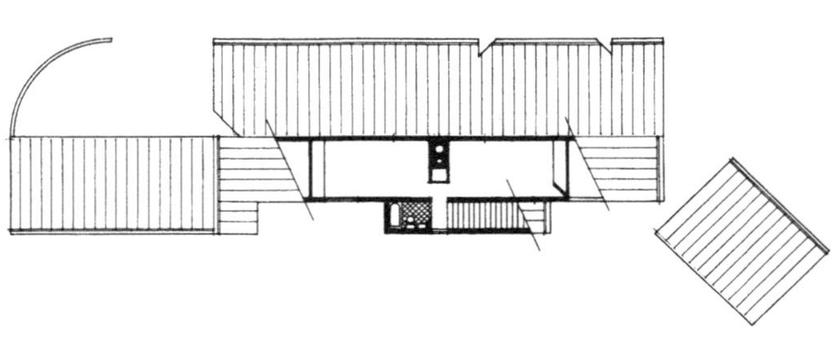

cias usuais para uma casa de tamanho médio. Os clientes gostavam de privacidade e de muito sol no interior.

A composição do Esquema Um é uma dualidade. Em elevação frontal, um longo elemento com telhado de duas águas é sobreposto à parte traseira de um elemento com telhado alpendrado. Essencialmente, a área da frente contém entradas, circulação, armazenagem, serviços e piscina e protege o elemento traseiro, que contém a parte reservada para aposentos. No andar de cima, na frente, estão dois quartos para hóspedes, um dos quais a esposa usaria também como escritório. O violento encontro dessas formas de telhado independentes, visto da frente, permite a criação de vários clerestórios para a zona dos fundos do elemento alpendrado.

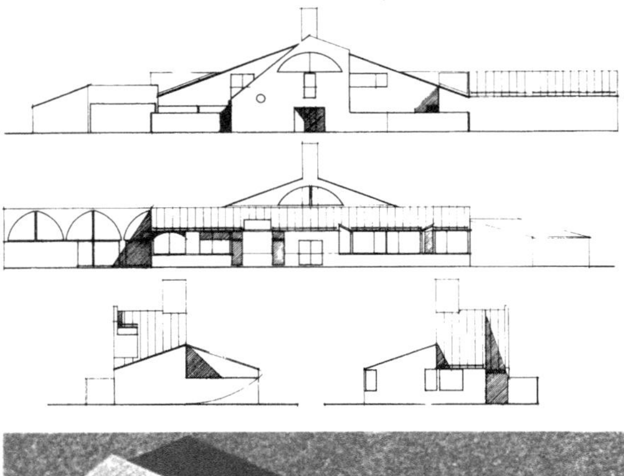

291

292

A dualidade é resolvida pelo perímetro, especialmente severo nos lados, que contém os dois elementos e contribui com unidade para a composição nesse nível. Além disso, na planta, a parede dos fundos voltada para o longo terraço é particularmente complexa em recortes para janelas — que modificam a luz solar ou afetam o espaço interior — em contraste com a severa parede da frente. As aberturas irregulares de janela na parede da frente contrabalançam a fachada com frontão, supersimétrica em todos os outros aspectos. A parede em frente, um terceiro elemento sobreposto, e a garagem, inclinada na planta para sugerir um pátio para automóveis, subentende fechamento.

Os clientes não gostaram do Esquema Um porque pensaram que uma planta direta impedia a privacidade ao ar livre na área dos fundos. Portanto, a planta essencialmente em for-

293

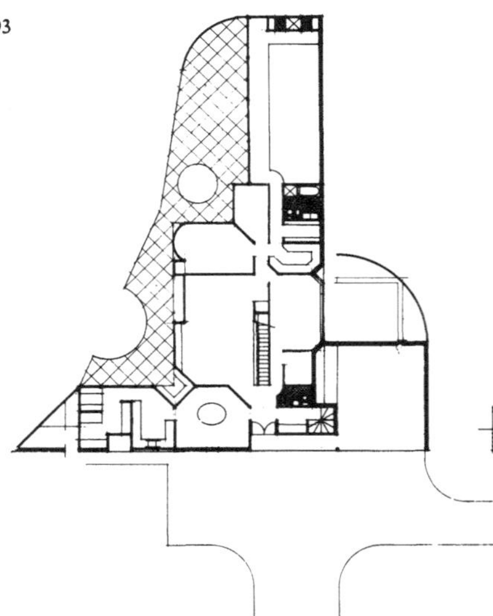

294

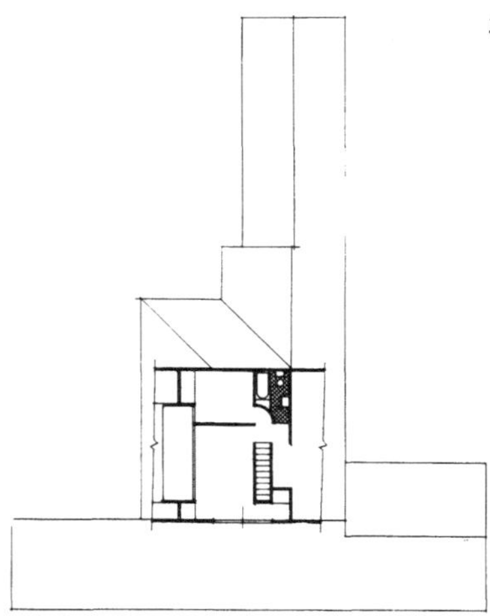

295

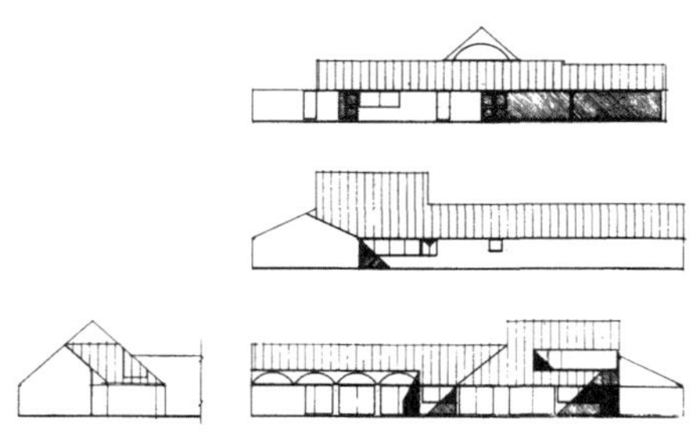

ma de L evoluiu para um esquema analogamente ensolarado e particularmente complexo nas paredes dos fundos, que contrastaram com o caráter severo e fechado das paredes da frente do L. Entretanto, os telhados complexos fundiram-se agora um no outro, em vez de entestarem violentamente. Os dormitórios do andar de cima, janelas e varanda estão embutidos nesses telhados de modo a não quebrar sua continuidade com as lucarnas. Mas o telhado alpendrado, o espaço da entrada da frente entesta com os outros telhados, e o resultante lanternim insinua desde a frente a complexidade dos fundos. O pátio de serviço cercado, pontiagudo no final, sublinha a função protetora, à semelhança de uma parede, da frente ou do perímetro exterior do L. Os clientes também não gostaram desse esquema.

8. Conjunto Habitacional para Idosos da Sociedade Quacre, Filadélfia. Venturi e Rauch, Cope e Lippincott, Arquitetos Associados, 1960-1963. (296-304)

O programa requeria noventa e um apartamentos de vários tipos com um salão comum de recreação para alojar pessoas idosas que querem permanecer em seu bairro. O gabarito local limitou a altura do prédio a seis andares.

O pequeno terreno urbano tem a frente voltada para o sul, dando para a Spring Garden Street. O programa interior sugeriu um máximo de apartamentos de frente para o sul, sudeste e sudoeste por causa da luz e do movimento da rua — no entanto, o caráter urbano da rua sugeriu um edifício que não fosse um pavilhão independente, mas, pelo contrário, reconhecesse as demandas espaciais da rua em frente. Isso resulta num edifício inflectido na forma, cuja frente é diferente dos fundos. A fachada

296

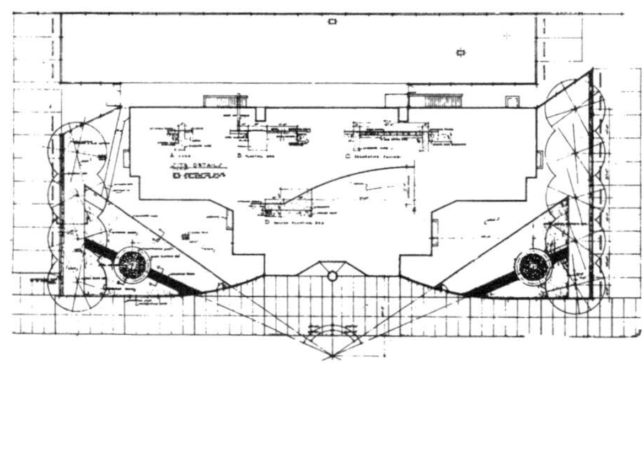

297

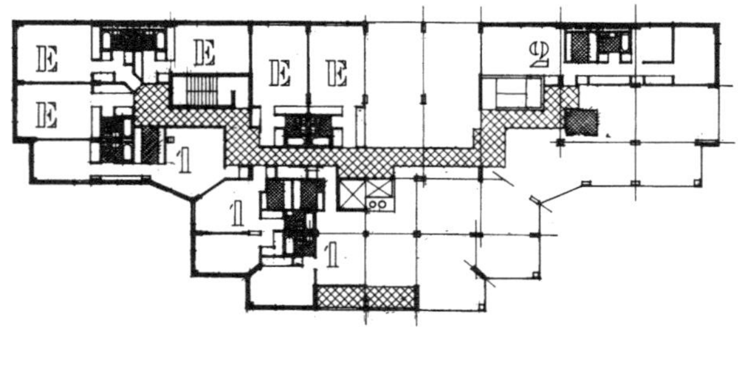

da frente está separada dos fundos nas extremidades superiores, onde os terraços do salão comum se encontram para enfatizar o papel vestigial da fachada que dá para a rua. As fachadas laterais, de uma complexidade contrastante, mais sensíveis às exigências espaciais interiores do que às exteriores em suas configurações exatas, acomodam a necessidade de máxima luz de sudeste e sudoeste, das vistas e do espaço para o jardim embaixo.

Os espaços interiores são definidos por um intricado labirinto de paredes, que acomodam o programa muito complexo e variado de um edifício de apartamentos (em contraste, por exemplo, com um edifício de escritórios), e a estrutura irregular permitida pela construção com lajes de chapas metálicas planas. Há um máximo de volume interior e um mínimo de espaço de corredores. O corredor é mais um espaço residual, irregular e variado, do que um túnel.

A economia ditou elementos arquitetônicos não "avançados" mas "convencionais". Não nos opusemos a isso. As paredes

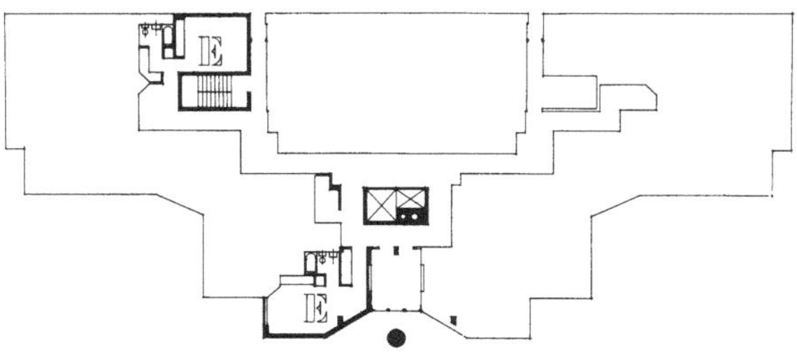

298

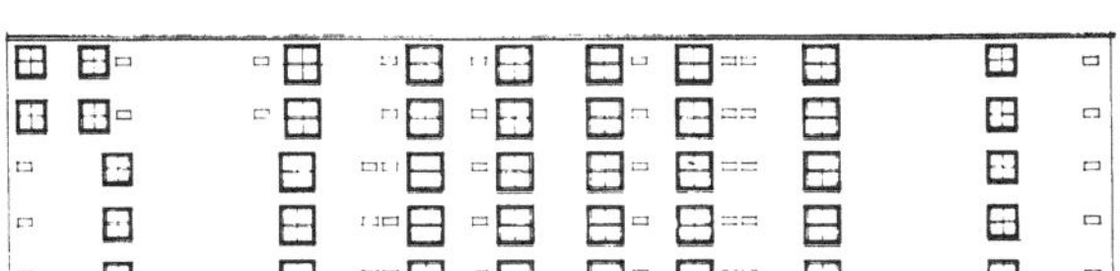

299

de tijolo marrom-escuro com janelas de guilhotina lembram as *row houses* (casas geminadas) tradicionais da Filadélfia ou mesmo os fundos das casas de cômodos eduardianas. Seu efeito é incomum, no entanto, porque os edifícios são sutilmente proporcionados e invulgarmente grandes. A mudança de escala desses elementos quase banais contribui para a expressão de tensão e para a qualidade dessas fachadas, que se lêem agora como formas convencionais e não convencionais ao mesmo tempo.

A grande coluna redonda exposta no centro da fachada para a rua é de granito negro polido. Ela enfatiza e se harmoniza com a excepcional abertura da entrada no andar térreo, e contrasta com a área branca de tijolo vitrificado, que se estende até a metade do segundo andar nessa pequena seção da fachada que dá para a rua. Os parapeitos da sacada nesse andar, assim como os dos outros andares, são de chapa de aço perfurada — mas aí estão pintados de branco, em vez de preto, para criar uma conti-

300

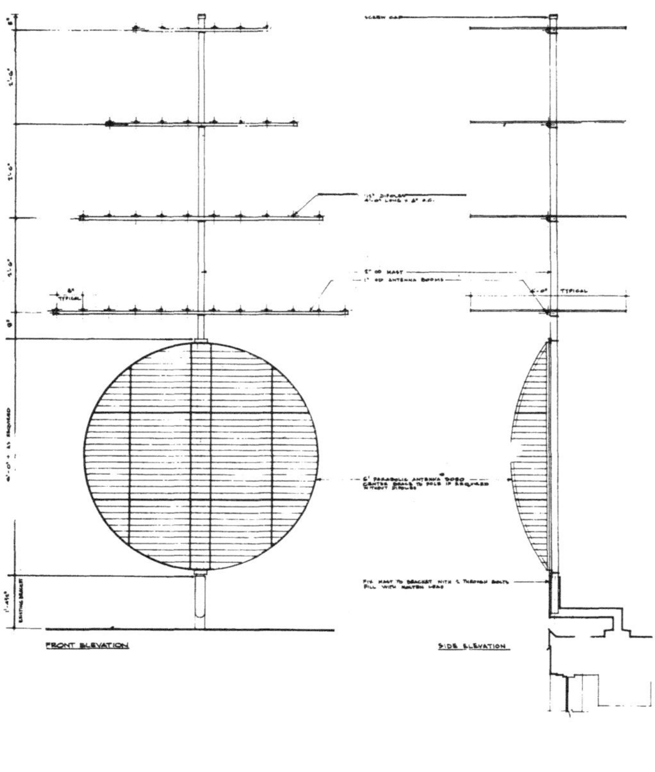

nuidade de superfície nessa área apesar da mudança de material. A janela central no último andar reflete a configuração especial do espaço do interior do salão comum e relaciona-se com a entrada embaixo, aumentando a escala do edifício sobre a rua e na entrada. Sua forma arqueada também permite que uma enorme abertura penetre a parede e, no entanto, permaneça mais como um buraco numa parede do que como um vazio numa moldura. A antena da televisão no topo desse eixo e para além da linha de altura constante do edifício reforça esse eixo de mudança de escala na zona da fachada central e expressa uma espécie de monumentalidade semelhante ao da entrada em Anet. A antena, com sua superfície dourada anodizada, pode ser interpretada de duas maneiras: abstratamente, como escultura à maneira de Lip-

301

302

pold, e como um símbolo dos idosos, que passam tanto tempo diante da televisão.

A linha ornamental criada por uma fiada de tijolos brancos é interrompida contraditoriamente pelas janelas do penúltimo andar, mas remata a fachada que é simples em todos os demais aspectos. Com a área de tijolos brancos vitrificados na frente, embaixo, também estabelece uma escala de três andares nova e maior justaposta à outra escala menor de seis andares demarcados pelas séries de janelas.

303

304

9. **Residência em Chestnut Hill, Pa., Venturi e Rauch, 1962.** (305-316)

Este edifício reconhece complexidades e contradições: é complexo e é simples, aberto e fechado, grande e pequeno; alguns de seus elementos são bons num nível e maus num outro; sua ordem concilia os elementos genéricos da casa em geral e os elementos circunstanciais de uma casa em particular. Realiza a difícil unidade de um número médio de partes diversas, em vez da fácil unidade de poucas ou muitas partes motivais.

Os espaços interiores, tais como são representados na planta e no corte, são complexos e distorcidos em seus formatos e inter-relações. Correspondem às complexidades inerentes ao programa doméstico, assim como a algumas extravagâncias não inteiramente inadequadas a uma casa individual. Por outro lado, a

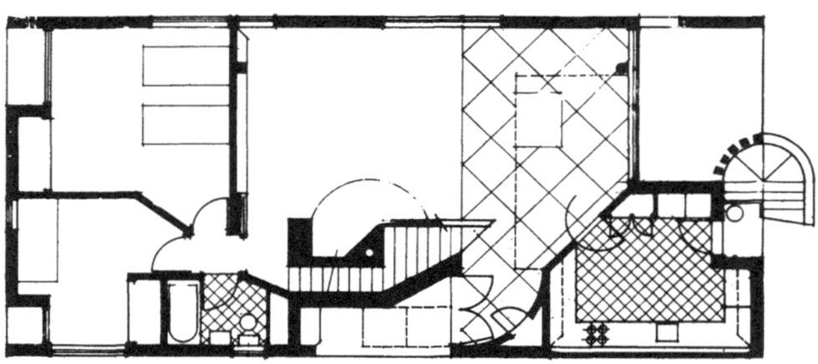

305

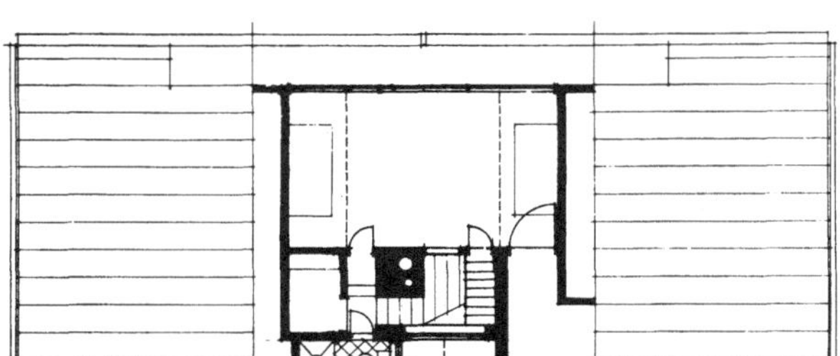

306

forma exterior — representada pela parede marcada horizontalmente na altura do parapeito das janelas pelo telhado de duas águas que encerram essas complexidades e distorções — é simples e consistente: representa a escala pública dessa casa. A frontaria, em suas combinações convencionais de porta, janelas, chaminé e telhado de duas águas, cria uma imagem quase simbólica de uma casa.

A contradição entre interior e exterior não é, porém, total: no interior, a planta como um todo reflete a consistência simétrica do exterior; no exterior, as perfurações na elevação refletem as distorções circunstanciais no interior. No que diz respeito ao interior, a planta é originalmente simétrica, com um núcleo vertical central que irradia duas paredes diagonais quase simétricas, as quais separam dois espaços extremos na frente de um importante espaço central nos fundos. Essa rigidez e simetria quase

307

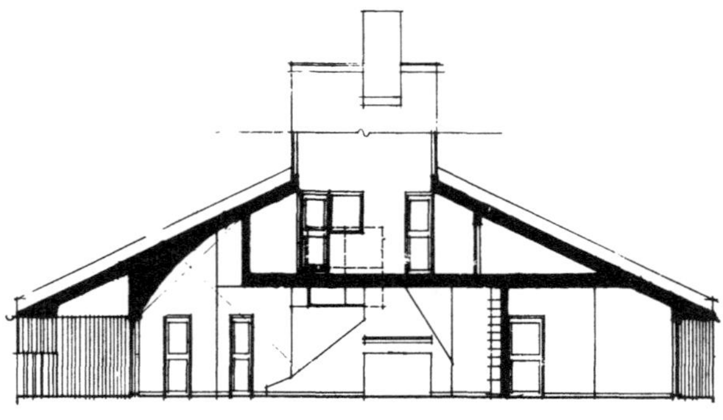

308

palladiana é distorcida, entretanto, para ajustar-se às necessidades particulares dos espaços: a cozinha à direita, por exemplo, difere do dormitório à esquerda.

Uma espécie mais violenta de acomodação ocorre no interior do próprio núcleo central. Dois elementos verticais, a lareira-chaminé e a escada, competem, por assim dizer, pela posição central. E cada um desses elementos, um essencialmente sólido, o outro essencialmente vazio, transige no tocante a seu formato e posição — isto é, inflecte na direção do outro para fazer uma unidade da dualidade do núcleo central que eles constituem. De um lado, a lareira distorce o formato e desloca-se um pouco, tal como a chaminé; do outro lado, a escada contrai subitamente sua largura e distorce seu percurso por causa da chaminé.

Esse núcleo domina como o centro da composição nesse nível; mas, no nível de sua base, é um elemento residual, ele próprio dominado pelos espaços a seu redor. Do lado do *living*, seu formato é retangular e paralelo à importante ordem retangular do importante espaço aí criado. Para a frente, seu formato é dado por uma parede diagonal que se harmoniza com as tam-

309

310

311

bém importantes e singulares necessidades direcionais do espaço de entrada, em sua transição da grande abertura externa para as portas de entrada interiores. O espaço da entrada também compete por uma posição central. A escada, considerada um elemento solitário em seu incômodo espaço residual, é ruim; relativamente a sua posição numa hierarquia de usos e espaços, entretanto, é um fragmento que se acomoda de forma apropriada a um todo complexo e contraditório e, como tal, é boa. Ainda de um outro ponto de vista, seu formato não é inadequado: o pé da escada é um lugar tanto para ficar sentado como para subir e para colocar objetos que tenham de ser levados para cima mais tarde. E essa escada, como as das casas em Shingle Style, também quer ser maior em sua base a fim de harmonizar-se com a maior escala do térreo. A pequena "escada para lugar nenhum" do primeiro andar tem também certa dificuldade em harmonizar-se com seu espaço nuclear residual: num nível, não vai para parte alguma e é insólita; num outro nível, é como uma escada de mão encostada contra a parede e da qual se pode lavar o janelão e pintar o lanternim. A mudança de escala da esca-

312

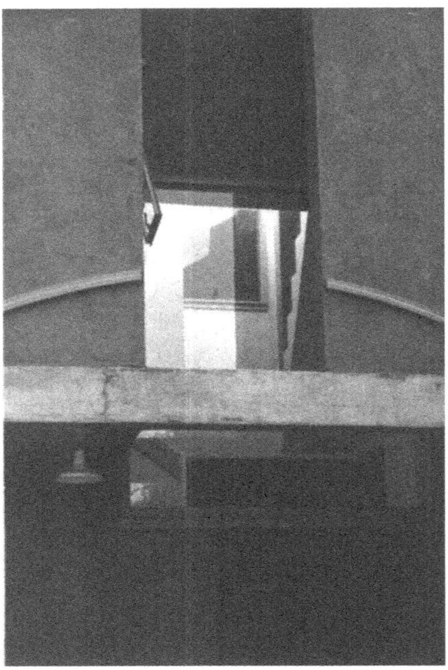

313

da nesse andar contrasta adicionalmente com a mudança de escala na outra direção, embaixo.

As complexidades e distorções arquitetônicas no interior estão refletidas no exterior. As variadas localizações, dimensões e formatos das janelas e perfurações nas paredes externas, assim como a localização descentralizada da chaminé, contradizem a simetria geral da forma exterior: as janelas são equilibradas de cada lado da abertura dominante da entrada e do elemento de chaminé-lanternim na frontaria, bem como da luneta nos fundos, mas são assimétricas. As saliências acima e além das rígidas paredes externas também refletem a complexidade interior. As paredes na frente e nos fundos têm parapeitos para enfatizar seu papel como cortinas atrás das quais essas complexidades interiores podem sobressair. As reentrâncias, formadas pelas janelas e pelo alpendre nas extremidades de todos os lados menos em um dos cantos, aumentam a qualidade de cortina das paredes da frente e dos fundos, do mesmo modo que os parapeitos em seus topos.

Quando chamei a essa casa aberta e fechada, simples e complexa, estava me referindo a essas características contraditórias das paredes externas. Em primeiro lugar, os parapeitos, juntamente com a parede do terraço superior nos fundos, enfatizam o

314

315

limite horizontal e no entanto permitem uma expressão de abertura atrás de si no terraço superior e acima de si na saliência da chaminé-lanternim. Em segundo lugar, a forma consistente das paredes na planta enfatiza o rígido fechamento; entretanto, as grandes aberturas, com freqüência precariamente próximas dos cantos, contradizem a expressão de fechamento. Esse método de paredes — em camadas para fechamento mas interrompidas para abertura — ocorre com toda a clareza no centro da fachada principal, onde a parede externa está sobreposta a duas outras paredes que alojam a escada. Cada uma dessas três camadas justapõe aberturas de diferentes tamanhos e posições. Nesse caso, o espaço é em camadas e não espaço interpenetrado.

A casa é grande e pequena. Com isso, quero dizer que é uma pequena casa numa grande escala. No interior, os elementos são grandes: a lareira é "grande demais", e o consolo sobre a lareira é "alto demais" para as dimensões da sala; as portas são amplas, os guarda-cadeiras altos. Uma outra manifestação da

316

grande escala interior é um mínimo de subdivisões de espaço — também em nome da economia, a planta minimiza o espaço puramente de circulação. No exterior, as manifestações de grande escala são os principais elementos, grandes e poucos em número e centrais ou simétricos em posição, assim como a simplicidade e consistência da forma e da silhueta do todo, como já descrevi. Nos fundos, a janela em luneta é grande e dominante em sua forma e posição. Na frente, a *loggia* é ampla, alta e central. Sua grande escala é enfatizada por seu contraste com as outras portas, menores no tamanho mas semelhantes na forma; por sua pouca profundidade em relação às dimensões que apresenta; e pela posição conveniente da entrada interna, situada atrás daquela. A moldura de madeira aplicada sobre a porta também aumenta sua escala. A barra lambrizada aumenta a escala do edifício em toda a volta, porque é mais alta do que se espera que seja. Essas molduras afetam a escala ainda de um outro modo: elas fazem com que as paredes de estuque fiquem ainda mais abstratas, e a escala, geralmente sugerida pela natureza dos materiais, fique mais ambígua ou neutra.

A principal razão para a grande escala é contrabalançar a complexidade. Complexidade combinada com pequena escala em edifícios pequenos leva a uma vivacidade trivial. Tal como as outras complexidades organizadas aqui, a grande escala no pequeno edifício realiza mais tensão do que nervosismo — uma tensão apropriada para esse gênero de arquitetura.

A casa está localizada num terreno plano, aberto, interior, fechado em seus limites por árvores e cercas. Ela está quase no centro do terreno, como um pavilhão, sem vegetação perto de si. O eixo do caminho de acesso para carros, perpendicular ao centro da casa, está distorcido em sua posição pela localização circunstancial de um cano de esgoto no meio-fio junto à rua.

A composição abstrata desse edifício combina quase igualmente elementos retangulares, diagonais e curvos. Os retângulos relacionam-se com a ordem dominante dos espaços em planta e corte. As diagonais relacionam-se com o espaço direcional na entrada, com determinadas relações nos espaços direcionais e não-direcionais dentro do rígido recinto do térreo e com a função de fechamento e escoamento de águas do telhado. As curvas relacionam-se com as necessidades direcionais-espaciais da entrada e da escada externa; com as necessidades espaciais-expressivas em seção no teto da sala de jantar, que são contraditórias com a inclinação externa do telhado; e com o simbolismo da entrada e sua grande escala, que é produzido pela moldura. O ponto excepcional da planta refere-se ao conveniente apoio da coluna, que contrasta com a opção predominante do conjunto por paredes estruturais. Essas combinações complexas não realizam a harmonia fácil de um punhado de partes temáticas baseadas na exclusão — ou seja, baseadas em "menos é mais". Pelo contrário, logram obter a difícil unidade de um número médio de diversas partes baseadas na inclusão e no reconhecimento da diversidade da experiência.

10. Concurso para uma Fonte, Fairmount Park Association, Filadélfia, Venturi e Rauch, Denise Scott Brown, 1964. (317-322)

Esta fonte seria colocada numa praça-quarteirão onde desemboca a avenida Benjamin Franklin, em frente à Prefeitura da cidade. A quadra é comum à planta em malha ortogonal de urbanização do centro da cidade e está cercada de ruas com intenso trânsito local. Para além dela, exceto ao longo do eixo da avenida, paira um emaranhado de altos prédios de escritórios. O interior da quadra contém um pavilhão redondo, chamado de Centro de Informação. O *layout* paisagístico e de pavimentação, incluindo o tanque de 12,5 m de perímetro para a própria fonte, eram elementos estabelecidos pelo programa da concorrência. A avenida Benjamin Franklin é um *boulevard* cujo eixo tem cerca de 1.500 m de comprimento, diagonal em relação à malha ortogonal normal da cidade. Ela faz a ligação entre o edifício da Prefeitura e o Museu de Arte, e o Parque Fairmount mais além.

Na outra direção, também pode ser a avenida considerada uma extensão do parque para o centro da cidade porque suas árvores verdejantes estabelecem uma continuidade com o próprio parque e também se encontra sob jurisdição legal da Fairmount Park Commission. Ela funciona como um importante acesso arterial ao centro da cidade e focaliza a forma dominante da Prefeitura — o campo contra o qual a fonte será vista. O edifício da Prefeitura é de cor clara, grande em tamanho e escala e ornado em contorno e silhueta. Essas características de espaço, forma, escala e circulação, que compõem o contexto da fonte, determinam sua forma de maneira decisiva.

A forma é grande e ousada, para que seja lida contra seu pano de fundo de grandes edifícios e espaço amorfo, e também possa ser vista a uma distância relativamente grande, desde o outro extremo da avenida. Seu formato plástico, a silhueta curva e a superfície singela também contrastam acentuadamente com os complexos padrões retangulares dos edifícios ao redor, embora sejam análogos a algumas formas de telhados de mansarda na Prefeitura. Não havia o propósito de realizar uma intricada fonte barroca para ser vista unicamente de perto ou de um carro engarrafado no trânsito.

Mas a ação da própria água, assim como o contexto das circunvizinhanças, determina as particularidades da forma da escultura. A escala da ação da água harmoniza-se com a da escultura: o repuxo central tem 2 m de altura e relaciona-se tanto com a escala quanto com o eixo da avenida. Seu jorro constante está protegido do vento predominante pela superfície côncava interior da forma escultórica. Está exposta somente na direção da avenida e realçada pelo fundo escuro do invólucro. Da maioria dos pontos da praça, somente as reverberações do grande repuxo são evidentes, no interior da gruta artificial, enevoada e musgosa. O grande anteparo de alumínio corresponde aos pequenos antepa-

317

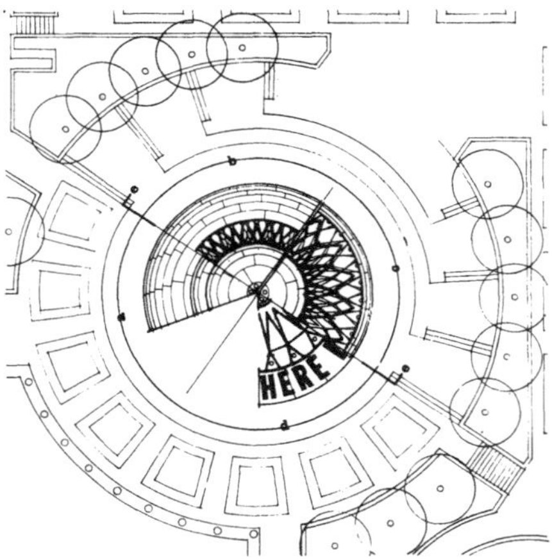

318

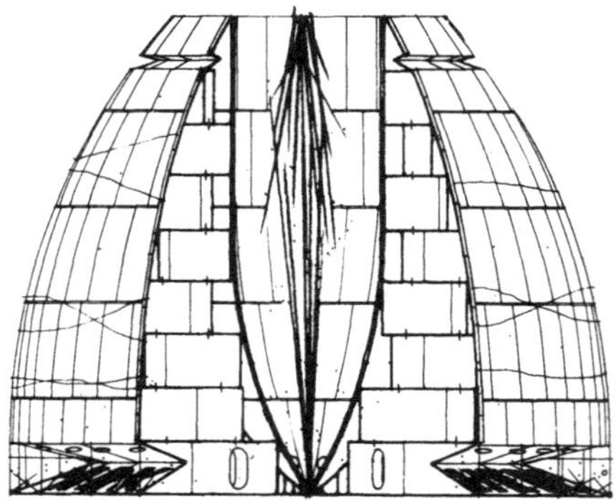

31

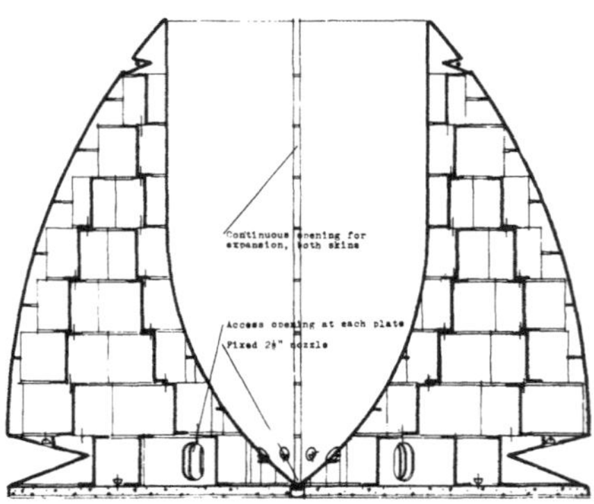

ros de vidro que em alguns tipos de antigos candelabros protegem a chama das correntes de ar.

Se a superfície interior da escultura é côncava para acomodar-se à ação em grande escala da água, a superfície exterior é convexa para harmonizar-se com a ação em pequena escala da água do lado de fora. Essa água consiste em uma cortina de água constante que brota de um reservatório perto do topo da superfície e que, de sua borda inferior, pinga continuamente no tanque. O dístico "COMEÇA AQUI O PARQUE FAIRMOUNT" é entrevisto através de uma cortina de gotículas. Essa cascata, com as letras polidas e alongadas na superfície inclinada da base na retaguar-

320

321

322

da, relaciona-se com a escala das pessoas que passeiam pela praça em volta e tem o intuito de atrair seu interesse.

Os dísticos são tradicionais em monumentos. A legenda designa a espetacular penetração do maior parque urbano do mundo no coração da cidade. Quando a legenda é lida da elevação frontal parece dizer PARK HERE [AQUI O PARQUE, ou ESTACIONE AQUI], o que não é despropositado para um monumento que está sobre um estacionamento subterrâneo.

O repuxo central é iluminado por lâmpadas de quartzo ocultadas na base. No inverno, quando o repuxo está inativo, lâmpadas incandescentes com lentes âmbar inundam o labirinto angular da estrutura intermediária central com luz amarela. O espaço central fica então no escuro. A base angulosa é iluminada por lâmpadas incandescentes com lentes âmbar. Essa faixa contínua contrasta com o corpo escuro que paira acima e, a pouca distância, dá para ler a legenda iluminada.

O material é alumínio, para aliviar o peso sobre os vãos da garagem subterrânea. Sua superfície é tratada a jato de areia para promover um acabamento cinzento escuro, cálido e fosco. As chapas são soldadas, mas as juntas não são esmerilhadas. A estrutura entre as cascas interna e externa é muito fina, composta por chapas empilhadas, dobradas em perfil "Z", que funcionam como espaçadores entre as contraditórias silhuetas interna e externa e como travamento integral, à semelhança das seções corrugadas internas das lâminas de papelão. A geometria das chapas internas é angular e contata as superfícies curvilíneas das chapas exteriores nos pontos soldados. Esse arejado e leve *poché* é exposto nas aberturas da peça, na frente e atrás. Uma série de poços verticais para fins de inspeção e manutenção têm suas entradas localizadas nas chapas inferiores. Contribuem com uma escala que contrasta com a escala monumental do conjunto.

Essa fonte é grande e pequena em escala, escultural e arquitetural em estrutura, análoga e contrastante em seu contexto, direcional e não-direcional, curvilínea e angular em sua forma, e foi projetada de dentro para fora e de fora para dentro.

11. Três Edifícios para uma Cidade de Ohio, Venturi e Rauch, 1965. (323-347)

Estes três edifícios para uma cidade de Ohio são uma Prefeitura, uma sede para a Associação Cristã de Moços e uma biblioteca pública ou, melhor dizendo, uma extensa ampliação dessa última. Esses edifícios relacionam-se mutuamente, do ponto de vista urbanístico, e com o centro da cidade de que fazem parte. Também são parte da fase inicial de um plano mais vasto de renovação do centro da cidade, um projeto da responsabilidade de consultores de planejamento urbano sob cujas determinações estamos trabalhando.

A Prefeitura: o edifício é como um templo romano em suas proporções gerais, e também por ser uma construção isolada, mas — em contraste com um templo grego — é um edifício direcional cuja frente é mais importante do que os fundos. O que corresponde à base, às colunas gigantescas e ao frontão do pórtico do templo é, nessa Prefeitura, a parede parcialmente livre na frente com sua gigantesca abertura arqueada sobreposta à parede dos três andares mais atrás. Eu gosto do uso que Louis Sullivan faz do arco gigantesco para dar imagem, unidade e escala monumental a alguns de seus últimos bancos, que são importantes mas pequenos edifícios nas ruas principais de cidades do Centro-Oeste. A mudança em tamanho e escala na frontaria da Prefeitura também é análoga às falsas fachadas das pequenas cidades do Oeste e pela mesma razão: o reconhecimento das exigências espaciais urbanas da rua. Mas esse edifício tem dois cenários ao mesmo tempo. Além de sua posição como edifício importante mas relativamente pequeno na Main Street, também está localizado na testa da praça central, do outro lado da Main Street, onde termina o eixo longitudinal da praça. Além disso, para o observador na Main Street, o edifício apresenta-se por inteiro, com seu andar térreo bem visível como uma base integral; mas no interior da praça, que está num plano inferior ao da Main Street, o andar térreo é obscurecido na perspectiva pela elevação e profundidade da rua imediatamente em frente dele, assim como pelos degraus da rampa que lhe dá acesso, que formam uma outra espécie de base para o edifício. Nesse contexto, o arco da fachada parece brotar diretamente de uma base diferente e de maior escala. O mesmo edifício em diferentes contextos é lido de diferentes modos.

A contradição em escala e caráter entre a frente e os fundos desse edifício deriva de seu programa interior, assim como do cenário urbano que o cerca. A dicotomia no programa de uma Prefeitura entre os espaços monumentais para o prefeito e para a Câmara de Vereadores, por um lado, e para os escritórios rotineiros dos departamentos administrativos, por outro, é explicitamente articulada, com freqüência, num pavilhão para os primeiros e num bloco de escritórios para os segundos, uma composição baseada no Pavillon Suisse ou talvez no Armée du Salut. (Uma outra abordagem, talvez, é basear a Prefeitura numa outra composição de Le Corbusier, La Tourette, onde a composição parece incom-

323

324

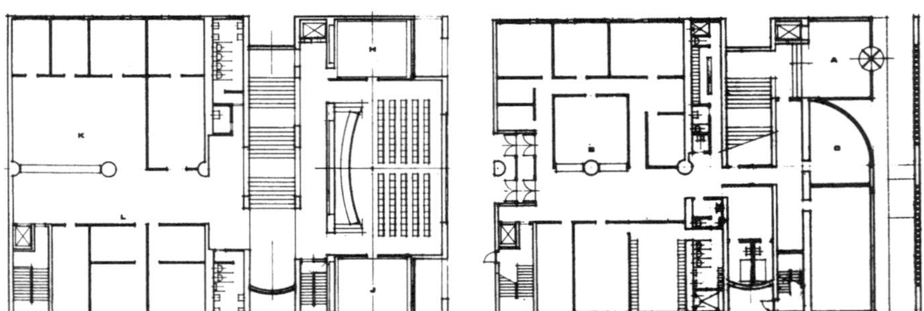

pleta mas é essencialmente fechada.) Mas esse esquema para uma Prefeitura de cidade pequena concilia esses dois gêneros de espaços dentro de um recinto relativamente simples, em atenção à escala e à economia. (O prefeito declarou que queria um "edifício razoável e quadrangular em alvenaria".) As salas monumentais e mais cerimoniosas na parte da frente são únicas e estáticas — com o crescimento da cidade, apenas uns poucos vereadores serão adicionados e nunca haverá mais do que um prefeito de cada vez —, enquanto os espaços em pequena escala mas relativamente extensos e flexíveis para escritórios na parte de trás são passíveis de expansão: eles podem ser ampliados nos fundos. Esse é um edifício sem limites previamente estabelecidos nos fundos porque a burocracia está sempre crescendo. Entre a frente e os fundos há uma zona comum para circulação vertical e servi-

327

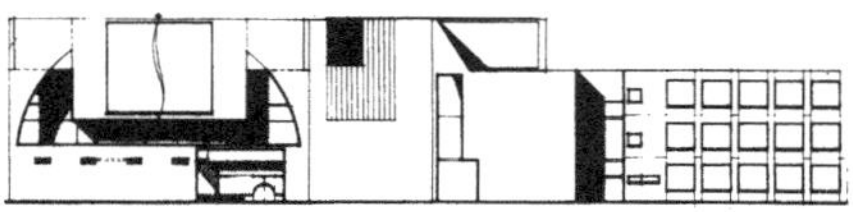

330

328

329

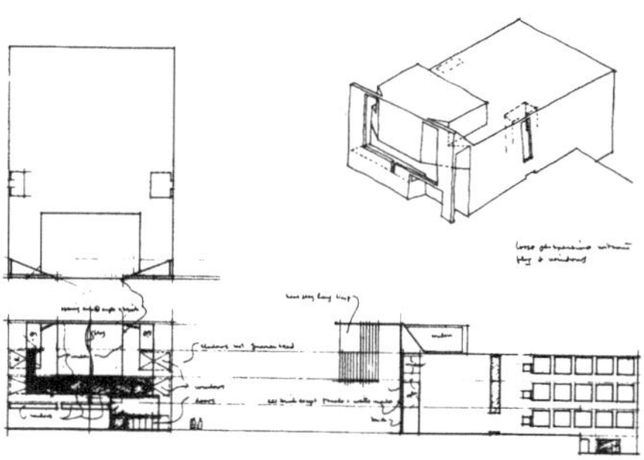

331

ços. O andar térreo contém as instalações da polícia nos fundos e a entrada principal na frente. Presume-se que o público freqüentará cada vez menos uma Prefeitura, de modo que as áreas de pagamento de contas e de informação não estão no térreo. As pequenas e repetitivas janelas para os fundos e a maior altura da frontaria com botaréus em relação às fachadas laterais refletem igualmente essas variações interiores de função. A estrutura é em paredes de sustentação em concreto formando zonas paralelas ou perpendiculares apoiadas em vigotas de concreto. Na parte posterior da planta há uma coluna interior no centro para facilitar a flexibilidade dentro das paredes de sustentação. O amplo corredor aqui previsto é apropriado para uma área de escritórios com maior uso pelo público. Como as paredes de sustentação são de concreto, as aberturas podem ser muito grandes. O material das superfícies é tijolo escuro, semelhante, mas não da mesma cor, ao da grande fábrica existente no centro da cidade. En-

332

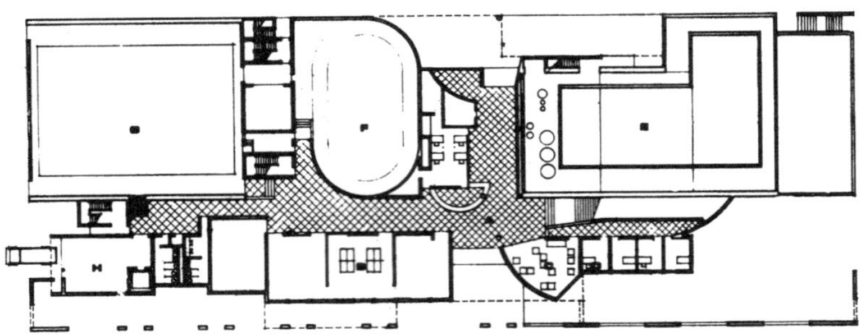

333

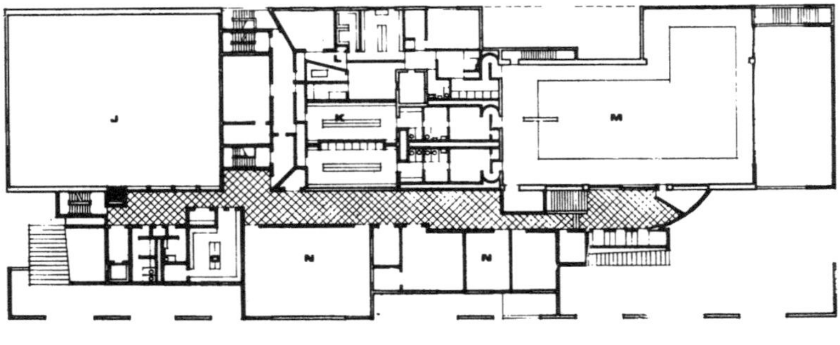

tretanto, a parede da frente é recoberta de placas muito delgadas de mármore branco para reforçar ainda mais o contraste entre a frente e os fundos. Também na frente, a justaposição entre a grande abertura em arco e as janelas menores da parede situada atrás muda para o mesmo plano na Câmara de Vereadores no terceiro andar. Aqui, a janela condiz com a grande escala da frontaria: consiste numa peça de vidro de aproximadamente 650 x 900 cm. A enorme bandeira está perpendicular à rua, de modo que se vê do alto da rua como um letreiro comercial.

O edifício da Associação Cristã de Moços: esse edifício obedece estritamente às recomendações convencionais, bastante explícitas e complexas do programa interior de uma ACM dessas dimensões. Nossas variações poderiam incluir o zoneamento dos espaços reservados à prática de esportes, na parte de trás, os espaços sociais na frente, a elevação acima do nível do subsolo nos amplos vestiários e algumas características que provêm do

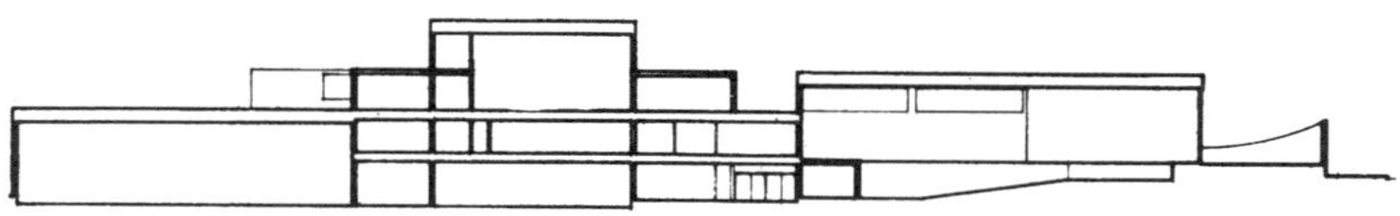

334

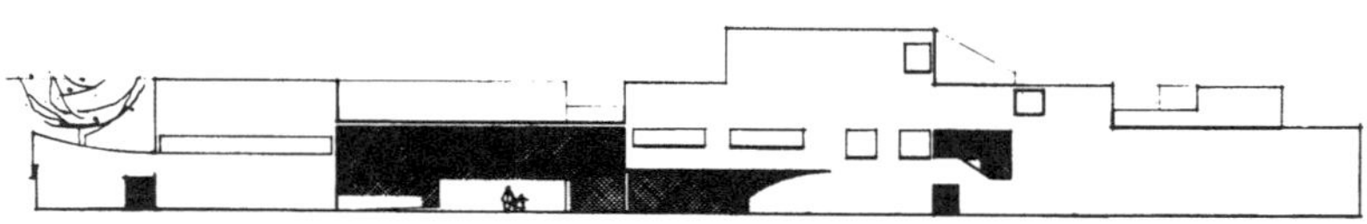

335

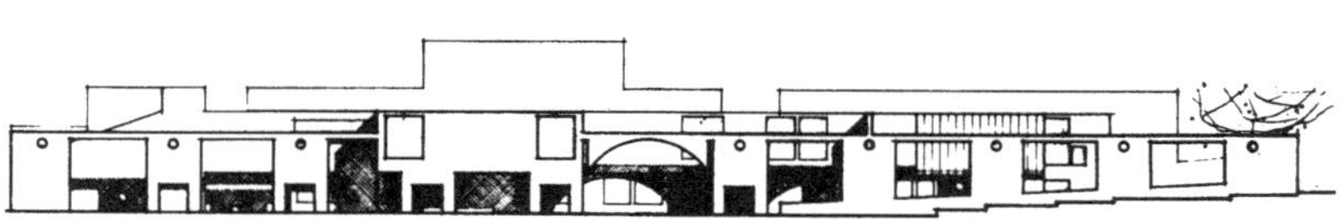

336

lado em declive ao longo do comprimento do edifício e da necessidade de entradas nos fundos para o estacionamento, bem como da área prevista para um *shopping* mais atrás e na parte da frente da praça. Mas a posição do edifício na lateral da praça e defronte da fábrica existente e dominante tinha o máximo efeito sobre a expressão exterior do edifício.

Esse edifício tinha de ser grande em escala para complementar e não ser sobrepujado pela fábrica defronte. Isso foi obtido pelo tamanho, pelo número e pelo relacionamento dos ele-

337

338

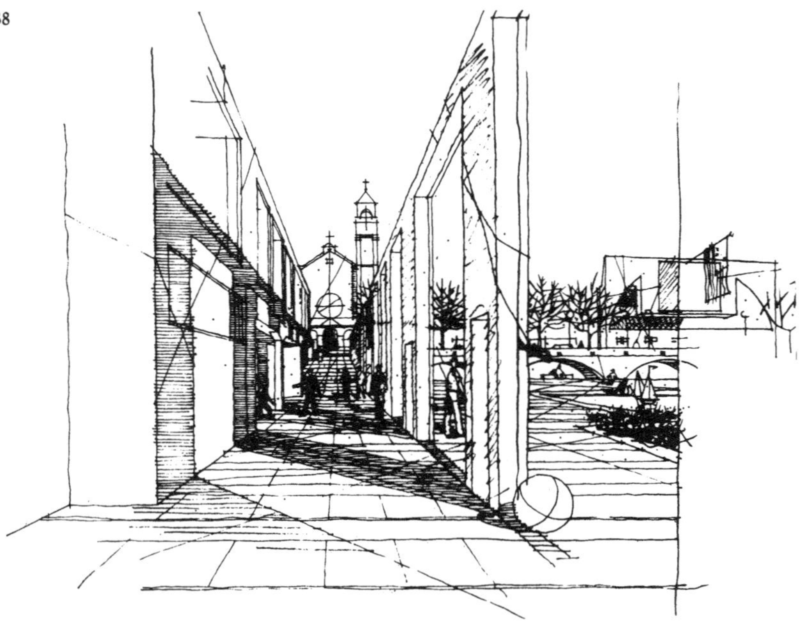

mentos da fachada principal. As aberturas na parede foram poucas e grandes para aumentar a escala. O relacionamento das aberturas, que constituem os elementos dominantes da fachada, estabelece um ritmo relativamente constante, sem foco no centro ou ênfase nas terminações. Essa característica também dá maior unidade e escala ao edifício. Em sua composição global, não cria um começo, meio e fim reunindo três coisas; é apenas uma coisa contínua que resulta do ritmo constante, mesmo enfadonho. Desse modo, pode competir com a fábrica em frente, que é maior

339

340

341

como um todo mas menor em suas partes individuais. E é adequadamente secundário em relação ao edifício da Prefeitura, menor, em outro lado da praça. A fachada principal, como a da Prefeitura, é "falsa" — uma parede independente —, contraditória em relação ao espaço interior. O ritmo quase constante de aberturas reticuladas contrasta com os ritmos menores e mais irregulares do edifício de dois andares propriamente dito, situado atrás. Uma justaposição contrapontística contrasta a "monotonia" da falsa fachada com o "caos" da segunda fachada, a qual reflete as complexidades circunstanciais interiores. A parede da frente contém, de seu lado esquerdo, uma zona-tampão entre o edifício e a praça, usada pelos patinadores no inverno, e oferece a eles do lado direito um refúgio com lareira, onde se converte num muro de arrimo, além de uma grande rampa em eixo com a igreja existente na Main Street. A estrutura é uma parede de sustentação em concreto, o que permite a existência de grandes aberturas muito próximas umas das outras — na verdade, é quase uma ar-

342

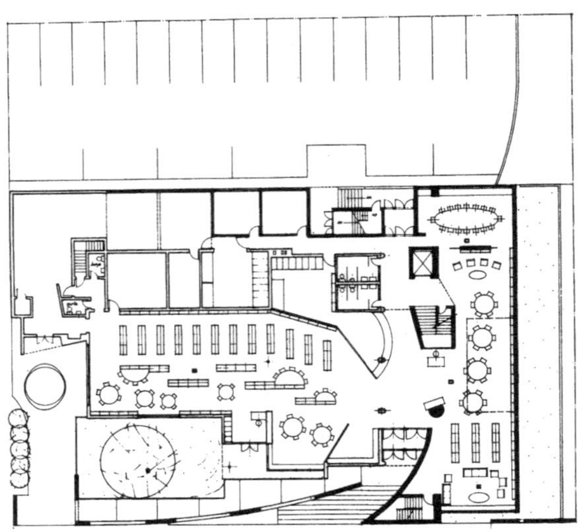

343

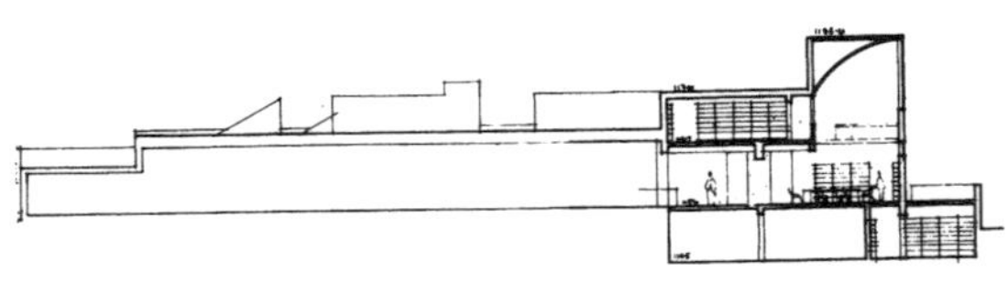

mação. O tijolo de face escura relaciona-se com a fábrica existente e aumenta a unidade da praça e do centro da cidade.

A ampliação da biblioteca: o programa interior é quase inteiramente convencional. Em vez de juntar anexos ao edifício de tijolo amarelo já existente, nossa abordagem consistiu em envolvê-lo; com o novo invólucro foram criados espaços internos nos fundos e no lado norte e uma nova parede separada na frente, que contém um pátio em seu espaço residual. O antigo edifício está totalmente envolto, mas, por economia, foi modificado o menos possível. A parede circundante, em sua grande escala e

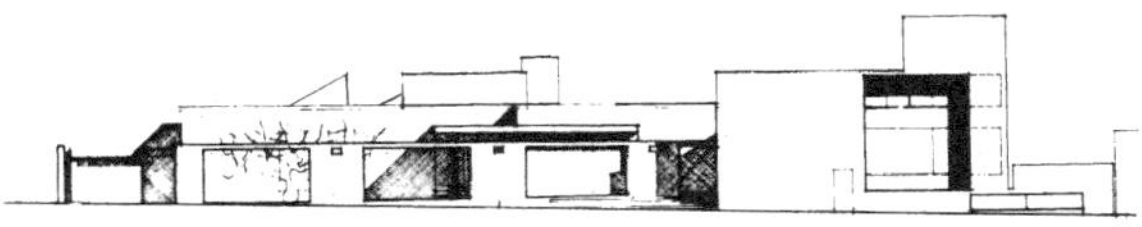

344

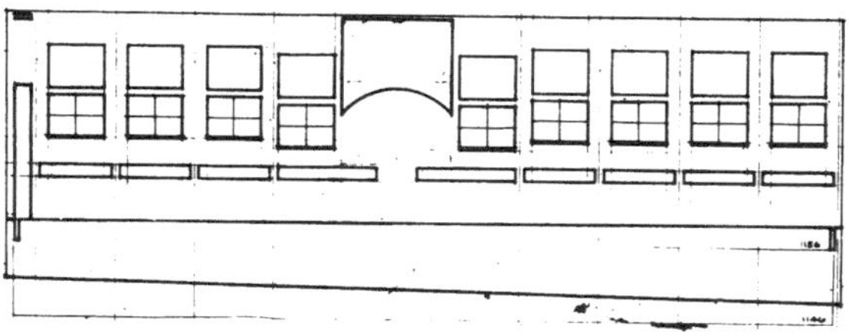

345

346

347

em tijolo escuro, aumenta a unidade da Main Street. Através das grandes aberturas na parede externa da frente, pode-se ver o edifício mais antigo e mais claro, de modo que sua arquitetura seja respeitada. Visto de perto, o novo está justaposto ao antigo.

12. Concurso para a Copley Square, Venturi e Rauch, Gerod Clark e Arthur Jones, 1966. (348-350)

Em termos de grandes espaços urbanos abertos americanos, a Copley Square em Boston é muito limitada — ao sul pelo hotel, a oeste pela Biblioteca Pública, na esquina noroeste pela nova Old South Church e pela fila de edifícios comerciais ao norte. Mas a esquina aberta para sudoeste, onde a diagonal da Huntington Avenue terminará, e a esquina de escoamento para sudeste entre a Trinity Church e a Copley Square tendem a enfraquecer a sensação de fechamento. E, para leste, o espaço é ambiguamente fechado pela própria Trinity Church, que tende mais a situar-se na praça do que junto dela. As várias alturas, ritmos e escalas desses edifícios, assim como as ruas que os separam do centro do espaço, diminuem ainda mais a unidade espacial da praça existente.

As regras do concurso confinaram a área a ser urbanizada à quadra definida pelas calçadas interiores das três ruas e a calçada diagonal ao longo da face noroeste da Trinity Church; é claro, não podíamos mudar nem prever mudanças em quaisquer dos edifícios díspares em torno do espaço.

348

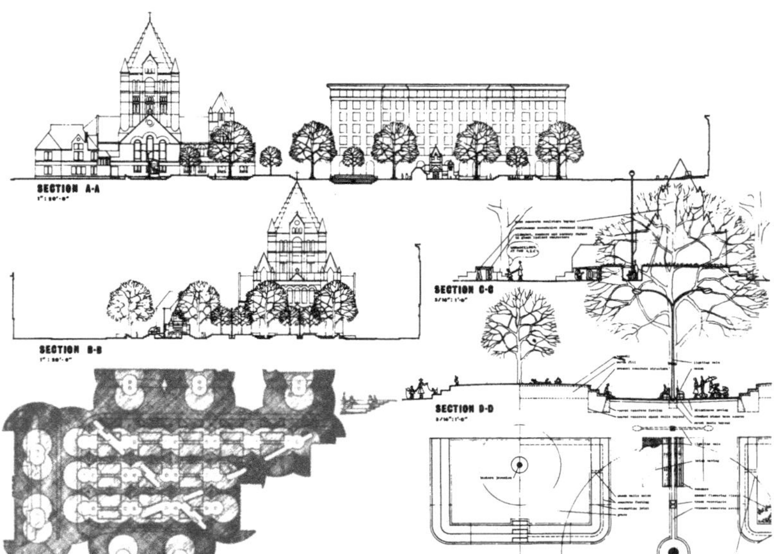

Assim, fizemos uma não-praça; enchemos o espaço para definir o espaço.

Resolvemos enchê-lo com matéria não densa, uma consistente mas rica rede de árvores. Essas árvores estão afastadas demais para formar um bosque tradicional, mas, por outro lado, são densas demais para que possam ser lidas como elementos isolados. Quando se caminha entre elas, estão suficientemente afastadas para filtrar a luz com variedade e para encobrir provocantemente a igreja (temos de nos esforçar para ver a grande fachada), mas, do lado de fora, andando pelas ruas, elas constituem uma forma rígida que define o espaço e identifica o lugar. Entretanto, sua forma como um todo (ao contrário de nosso projeto da fonte para Filadélfia, num outro contexto) não é uma forma escultural assentada dentro de um espaço determinado, porque isso concorreria com a Trinity Church. É um padrão repetitivo, global e tridimensional, sem um clímax, separado da circunvizinhança pela fronteira das ruas e em contraste com a Trinity Church, que, num determinado nível de foco, é bastante expressiva em toda a composição. No contexto da consistente malha ortogonal "enfadonha" no interior da praça, os edifícios caóticos para o norte tornam-se elementos "interessantes" e vitais da composição.

349

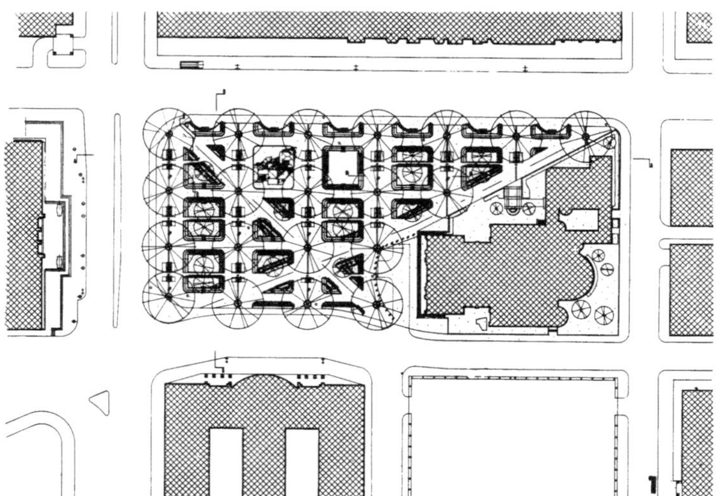

Além do mosaico de árvores e altos postes de iluminação pública, há num nível inferior uma ordenação reticulada composta de vários canteiros elevados com degraus e cerca de 1,5 m de altura, entre as calçadas do jardim. Essa retícula reflete em miniatura o padrão do setor de Boston em torno da Copley Square. Imita a hierarquia de ruas, grandes, médias e pequenas, que se observa na própria cidade. Tal como a planta em malha ortogonal da cidade, ela também contém "avenidas" diagonais que facilitam a circulação e cuja justaposição cria excepcionais quadras residuais.

Dentro dos blocos da retícula mais baixa existe um outro padrão de bancos, latas de lixo e bueiros em fase com a retícula superior de árvores e postes de iluminação. Esse equipamento, à semelhança dos postes de iluminação, é composto de elementos convencionais a que foi dado um novo valor em virtude de seu novo contexto. Esses elementos "vulgares" não são fruto de um *design* especial; foram apenas ponderadamente selecionados. (Comparem-se esses postes de alumínio com os requintadamente exóticos postes de alumínio anodizado imitando bronze ao redor dos gramados em New Haven.) Os materiais propostos são igualmente simples, exceto pelas valiosas áreas ladrilhadas sob os bancos, que tornam mais nítida a banalidade das calçadas asfalta-

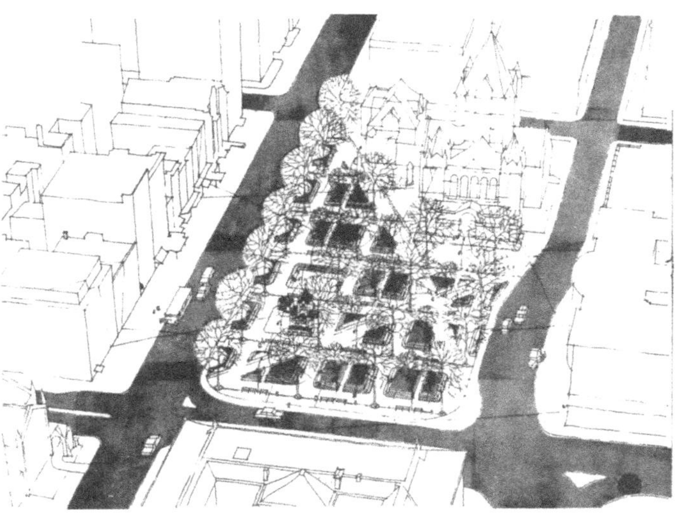

350

das do jardim e do concreto pré-moldado dos degraus dos canteiros, dos bueiros e das valetas. Só há grama no topo dos canteiros, onde ela deve sofrer um mínimo de deterioração. Canteiros de flores no alto dos blocos debruam as avenidas para ampliar visualmente a largura destas. Onde os blocos são interrompidos, suas faces laterais portam inscrições muito claras de cantigas infantis etc., gravadas no concreto, para interessar as crianças que não conseguem ver o que há no alto dos blocos.

A retícula de árvores, postes de iluminação e equipamentos de rua e a da hierarquia de ruas estão mutuamente defasadas ao longo do eixo norte-sul. Essas ligeiras irregularidades rítmicas contrastam com as violentas irregularidades que resultam das justaposições das avenidas diagonais ao padrão quadriculado das ruas que, como eu disse, manifestam-se nos blocos fragmentários, residuais, em formato triangular ou poligonal. Na verdade, em conseqüência dessas justaposições contrapontísticas de diagonais e das bordaduras truncadas, quase não sobra um bloco típico ou puro. E, destes, dois são casos excepcionais. Um bloco tem a seção invertida: ou seja, é rebaixado exatamente do mesmo modo como os blocos típicos são elevados, a fim de formar uma pracinha para se sentar dentro, em contraste com as veredas típicas onde se senta em bancos ao longo do caminho; a outra exceção é um bloco nivelado para conter uma réplica em miniatura da Trinity Church. Os blocos fragmentários do lado norte, salpicados de nichos para sentar e repousar, são outras exceções.

Esse jogo de exceções à ordem, leves ou violentas, cria tensões no interior da retícula que contradizem a monotonia do padrão. Mas há também um jogo de escalas, que cria dentro do padrão uma espécie de monumentalidade, assim como ambigüidade e tensão. Isso envolve uma relação especial de tamanho e proporção. As justaposições de calçadas de diferentes tamanhos à malha ortogonal resultam em blocos de dimensões diferentes mas proporção semelhante, e uma combinação de árvores, uma grande para cada duas menores, dentro do padrão ortogonal, facilita um relacionamento análogo de elementos de diferentes dimensões mas da mesma proporção. (Essa idéia é condenada pelos arquitetos modernos ortodoxos que sustentam que a mudança de tamanho significa mudança de proporção para refletir exclusivamente uma base estrutural no tocante a forma e proporção. Por outro lado, Jasper Johns justapõe em suas pinturas bandeiras convencionalmente proporcionadas que são de tamanho grande, médio e pequeno.) As espécies de árvores foram escolhidas com isso em mente: a forma do plátano maduro, de cerca de 18 m de altura, tem uma proporção semelhante à da acácia madura, de cerca de 8 m de altura. O elemento que mais nitidamente exemplifica essa idéia é a réplica em concreto moldado da Trinity Church defronte da Trinity Church.

Há uma razão para essa pequena réplica e também para a das "ruas" da retícula — uma razão diversa daquelas já mencionadas que geram ambigüidade, tensão, escala e monumentalidade: a imitação em miniatura é um meio de explicar a uma pessoa o conjunto onde ela está mas que não pode ver em sua totalidade. Tranqüilizar o indivíduo tornando o todo compreensível desse modo dentro de uma parte desse todo significa contribuir com um sentido de unidade para um complexo conjunto urbano. Esse gênero de imitação em miniatura envolve igualmente uma imitação de um aspecto da vida. Condensar a experiência e torná-la mais vívida, ou seja, simular, é uma característica lúdica: as crianças brincam de casinha. Os adultos jogam Banco Imobiliário. Nessa praça existe uma simulação de espaço e circulação urbanos. A pequena igreja é também uma escultura de brinquedo para as crianças.

Uma outra característica de jogo que está faltando nos espaços urbanos projetados por arquitetos modernos é a oportunidade para seleção e improvisação: isto é, para as pessoas usarem os mesmos espaços de muitas maneiras diferentes, incluindo aquelas para as quais os espaços não estão explicitamente planejados. A retícula, quer na forma e escala da planta urbana ou do campo no Centro-Oeste americano, quer nos interiores e colunatas de uma mesquita no Cairo ou em Córdoba, permite sempre a improvisação e a variedade de uso. Numa mansão vitoriana provavelmente existem mais maneiras de usar a importante escadaria do que o simples caminhar e sentar-se numa típica praça moderna. Quando a forma acompanha explicitamente a função, as oportunidades para funções implícitas declinam. Existem provavelmente mais maneiras de usar essa praça, que é "apenas um quadriculado", do que existem para usar aquelas que são interessantes, sensitivas e humanas. E, mais importante ainda, existem mais maneiras de *vê-la*. É como o intricado padrão de um tecido axadrezado. De certa distância, é um padrão geral repetitivo — com efeito, de uma grande distância, não passa de uma simples mancha —, mas visto de perto é complexo, variado e rico em padrão, textura, escala e cor. (Nesse xadrez espacial há a dimensão adicional que mencionei, de exceções ligeiras e violentas.) É uma questão de foco: quando a pessoa fica circulando pela composição, pode focalizar coisas diferentes de maneiras diferentes. Existem oportunidades para ver a mesma coisa de diferentes modos, a coisa velha por novos ângulos. Assim como não há um elemento predominante único e constante — uma fonte, um espelho d'água ou a própria igreja grande, por exemplo —, tampouco existe um foco único e estático quando uma pessoa se move ao redor e dentro da praça. Há a oportunidade para uma grande variedade de focos ou, melhor, de mudanças de foco. O principal paradoxo desse projeto é que seu padrão monótono é muito interessante.

Violentas justaposições entre focos embaçados e nítidos resultam de níveis de relações que interagem mais ou menos com o conjunto ou, em composições complexas, com os conjuntos dentro de outros conjuntos. Essas relações variáveis dentro de conjuntos complexos favorecem espécies complexas de unidade que possuem algumas relações interiores imediatas em distinta desunião. Nem todas as relações são sempre corretas. Penso que "relacionar" edifícios entre si é uma oitava muleta da arquitetura moderna que Philip Johnson poderia ter incluído em seu rol. Edifícios como a Trinity Church e a Biblioteca Pública de Boston não têm de se "relacionar" de qualquer forma fácil e óbvia. Nem devem fazê-lo, porque seu relacionamento não pode ser apenas imediato ao arranjo interno da praça, mas aos conjuntos maiores exteriores e ao cenário imediato desses últimos. De certa distância, nossa pequena retícula (tal como o padrão axadrezado) é uma grande mancha por causa de sua consistência nesse nível de foco: ela nem sempre se relaciona de perto e em detalhe, portanto, com os excelentes edifícios a sua volta. Richardson e McKim, Mead e White não necessitam desse tipo de homenagem explícita.

Uma outra muleta da arquitetura moderna é a compulsão da praça, derivada de nosso justificável amor pelas cidades italianas. Mas a *piazza* aberta raramente é apropriada para uma cidade americana, exceto como uma conveniência para pedestres por facilitarem os atalhos em diagonal. A *piazza*, de fato, é "não-americana". Os americanos sentem-se constrangidos, pouco à vontade, sentados numa praça: deviam estar trabalhando no escritório ou em casa com a família vendo televisão. Os serviços de casa ou os passeios de carro do fim-de-semana substituíram a *passeggiata*. A praça tradicional é para uso tanto coletivo quanto individual, e as cerimônias públicas envolvendo multidões são ainda mais difíceis de imaginar na Copley Square do que as *passeggiate*. Portanto, nossa praça não é um espaço aberto para acomodar multidões inexistentes (as *piazze* vazias só são intrigantes nos primeiros De Chiricos), mas para acomodar o indivíduo que confortavelmente atravessa o labirinto e prefere sentar-se nas "ruas" em vez de numa praça. Contraímos o hábito de pensar que o espaço aberto é precioso na cidade. Não é. Exceto em Manhattan, talvez, nossas cidades têm excessivo espaço aberto nos onipresentes estacionamentos, nos desertos não tão temporários assim, criados pelos planos de Renovação Urbana e nos amorfos subúrbios a seu redor.

Notas

1. T. S. Eliot: *Selected Essays, 1917-1932*, Harcourt, Brau and Co., Nova York, 1932; p. 18.
2. *Ibid.*; pp. 3-4.
3. Aldo van Eyck: in *Architectural Design 12*, vol. XXXII, dezembro de 1962; p. 560.
4. Henry-Russell Hitchcock: in *Perspecta 6, The Yale Architectural Journal*, New Haven, 1960; p. 2.
5. *Ibid.*; p. 3.
6. Robert L. Geddes: in *The Philadelphia Evening Bulletin*. 2 de fevereiro de 1965; p. 40.
7. Sir John Summerson: *Heavenly Mansions*, W. W. Norton and Co., Inc., Nova York, 1963; p. 197.
8. *Ibid.*; p. 200.
9. David Jones: *Epoch and Artist*, Chilmark Press, Inc., Nova York, 1959; p. 12.
10. Kenzo Tange: in *Documents of Modern Architecture*, Jurgen Joedicke (ed.), Universe Books, Inc., Nova York, 1961; p. 170.
11. Frank Lloyd Wright: in *An American Architecture*, Edgar Kaufmann (ed.), Horizon Press, Nova York, 1955; p. 207.
12. Le Corbusier: *Towards a New Architecture*, The Architectural Press, Londres, 1927; p. 31.
13. Chistopher Alexander: *Notes on the Synthesis of Form*, Harvard University Press, Cambridge, 1964; p. 4.
14. August Heckscher: *The Public Happiness*, Atheneum Publishers, Nova York, 1962; p. 102.
15. Paul Rudolph: in *Perspecta 7, The Yale Architectural Journal*, New Haven, 1961; p. 51.

16. Kenneth Burke: *Permanence and Change*, Hermes Publications, Los Altos, 1954; p. 107.
17. Eliot, *op. cit.*; p. 96.
18. T. S. Eliot: *Use of Poetry and Use of Criticism*, Harvard University Press, Cambridge, 1933; p. 146.
19. Eliot: *Selected Essays, 1917-1932, op. cit.*; p. 243.
20. *Ibid.*; p. 98.
21. Cleanth Brooks: *The Well Wrought Urn*, Harcourt, Brace and World, Inc., Nova York, 1947; pp. 212-214.
22. Stanley Edgar Hyman: *The Armed Vision*, Vintage Books, Inc., Nova York, 1955; p. 237.
23. *Ibid.*; p. 240.
24. William Empson: *Seven Types of Ambiguity*, Meridian Books, Inc., Nova York, 1955; p. 174.
25. Hyman, *op. cit.*; p. 238.
26. Brooks, *op. cit.*; p. 81.
27. Wylie Sypher: *Four Stages of Renaissance Style*, Doubleday and Co., Inc., Garden City, 1955; p. 124.
28. Frank Lloyd Wright: *An Autobiography*, Duell, Sloan and Pearce, Nova York, 1943; p. 148.
29. Eliot: *Selected Essays, 1917-1932, op. cit.*; p. 185.
30. Brooks, *op. cit.*; p. 7.
31. Burke, *op. cit.*; p. 69.
32. Alan R. Solomon: *Jasper Johns*, The Jewish Museum, Nova York, 1964; p. 5.
33. James S. Ackerman: *The Architecture of Michelangelo*, A. Zwemmer, Ltd., Londres, 1961; p. 139.
34. Siegfried Giedion: *Space, Time and Architecture*, Harvard University Press, Cambridge, 1963; p. 565.
35. Eliel Saarinen: *Search for Form*, Reinhold Publishing Corp., Nova York, 1948; p. 254.
36. Van Eyck, *op. cit.*; p. 602.
37. Frank Lloyd Wright: *Modern Architecture*, Princeton University Press, Princeton, 1931.
38. Horatio Greenough: in *Roots of Contemporary American Architecture*, Lewis Mumford (ed.), Grove Press, Inc., Nova York, 1959; p. 37.
39. Henry David Thoreau: *Walden and Other Writings*, The Modern Library, Random House, Nova York, 1940; p. 42.
40. Louis H. Sullivan: *Kindergarten Chats*, Wittenborn, Schultz, Inc., Nova York, 1947; p. 140.
41. *Ibid.*; p. 43.

42. Le Corbusier, *op. cit.*; p. 11.
43. Gyorgy Kepes: *The New Landscape*, P. Theobald, Chicago, 1956; p. 326.
44. Van Eyck, *op. cit.*; p. 600.
45. Heckscher, *op. cit.*; p. 287.
46. Herbert A. Simon: in *Proceedings of the American Philosophical Society*, vol. 106, nº 6, 12 de dezembro de 1962; p. 468.
47. Arthur Trystan Edwards: *Architectural Style*, Faber and Gwyer, Londres, 1926; cap. III.
48. Ackerman, *op. cit.*; p. 138.
49. Fumihiko Maki: *Investigations in Collective Form*, Special Publication nº 2, Washington University, St. Louis, 1964; p. 5.
50. Heckscher, *op. cit.*; p. 289.

Índice das legendas

141. Hardouin-Mansart. Château de Marly. Corte
142. S. Maria Maggiore, Roma
143. Soane. Banco de Inglaterra, Londres. Planta
144. Bernini. Praça de S. Pedro, Roma. Planta
145. Piazza del Plebiscito, Nápoles
146. Piranesi. Castelo de Sant' Angelo, Roma. *Vedute di Roma*
147. Richardson. Watts-Sherman House, Newport
148. Trulli, Puglia (Itália)
149. Smithson. Wollaton Hall, Nottinghamshire
150. Cortona. S. Maria della Pace, Roma
151. Le Corbusier. Edifício da Suprema Corte, Chandigarh
152. Casa tipo-Emmental, Suíça
153. Aalto. Maison Carré, Bazoches. Corte
154. Hawksmoor. Easton Neston, Northamptonshire
155. Piranesi. Banhos Antigos. *Opere Varie*
156. Michelangelo. Desenho para um Nicho
157. Igreja paroquial de Lampa, Peru
158. Rosso e Primaticcio. Entrada da Capela, Fontainebleau
159. Diagramas de planta
160. Catedral de Rouen
161. Adam. Syon House, Isleworth, Middlesex
162. Portas, Karnak, Egito
163. Templo de Horus, Edfu, Egito. Planta
164. Templo de Horus, Edfu, Egito
165. Bernini. S. Maria dell'Assunzione, Arricia
166. Catedral de Albi
167. Irmãos Asam. Projeto. Elevação e corte
168. Irmãos Asam. Igreja abacial, Weltenburg
169. S. Maria in Canepanova. Pavia. Corte
170. Rosati e Soria. S. Carlo ai Catinari, Roma
171. Soane. Casa e Museu Soane, Lincoln's Inn Fields, Londres
172, 173. Brazini. Igreja do Cuore Immaculata di Maria Santissima, Roma
174. Johnson. Casa para Hóspedes, New Canaan. Corte
175. Johnson. Sinagoga Kneses Tifereth Israel, Port Chester, N.Y.
176. Gregorini e Passalacqua. S. Croce in Gerusalemme, Roma
177. SS. Sergius e Bacchus, Istambul. Planta
178. Wren. S. Stephen Walbrook, Londres. Planta
179. Neumann. Igreja de Peregrinação, Vierzehnheiligen, perto de Banz
180. Neumann. Igreja abacial de Neresheim, Alemanha
181. Michelangelo, Capela Sforza, S. Maria Maggiore, Roma. Planta
182. Capela Sforza. Corte

Créditos fotográficos

1. © Ezra Stoller Associates.
2. Alexandre Georges.
3. Heikki Havas, Helsinque.
4. Ugo Mulas, Milão.
5. The Museum of Modern Art.
6. © Country Life.
7. Reproduzido com autorização de Roberto Pane de seu livro *Bernini Architetto*, Neri Pozza Editore, Veneza, 1953.
8. De Walter F. Friedländer, "Das Casino Pius des Vierten", *Kunstgeschichtliche Forschwangen*, vol. III, Leipzig, 1912.
9. © Country Life.
10. A. Cartoni, Roma.
11. Harry Holtzman.
12. The Museum of Modern Art.
13. Reproduzido com autorização de Penguin Books Ltd., Harmondsworth-Middlesex, do livro de John Summerson, *Architecture in Britain, 1530-1830*, Baltimore, 1958.
14. Reproduzido com autorização de Henry A. Millon de seu livro *Baroque and Rococo Architecture*, George Braziller, Nova York, 1965.
15. Reproduzido com autorização de Country Life Ltd., Londres, de A. S. G. Butler, *The Architecture of Sir Edwin Lutyens*, vol. I, 1935. © Country Life.
16. © Country Life.
17. De Leonardo Benevolo, "Saggio d'Interpretazione Storica del Sacro Bosco", *Quaderni dell'Istituto di Storia dell'Architettura*, n°s 7-9, Roma, 1955.
18. © Kerry Downes.

19. Reproduzido com autorização de Penguin Books Ltd., Harmondsworth-Middlesex, do livro de Nikolaus Pevsner, *An Outline of European Architecture*, Baltimore, 1960. Foto: Alinari-Anderson.
20. George C. Alikakos.
21. Reproduzido com autorização de Giulio Einaudi Editore, Turim, do livro de Paolo Portoghesi e Bruno Zevi (eds.), *Michelangiolo Architetto*, 1964.
22. A. F. Kersting, Londres.
23. Cabinet des Estampes, Bibliothèque Nationale, Paris.
24. Reproduzido com autorização de Penguin Books Ltd., Harmondsworth-Middlesex, do livro de Rudolf Wittkower, *Art and Architecture in Italy, 1600-1750*, Baltimore, 1958.
25. Reproduzido com autorização de Electa Editrice, Milão, do livro de Maria Venturi Perotti, *Borromini*, 1951. Foto: Vescovo.
26. Reproduzido com autorização do professor Eberhard Hempel do livro de Rudolf Wittkower, *Art and Architecture in Italy, 1600-1750*, Penguin Books, Inc., Baltimore, 1958.
27. Alinari.
28. Hirmer Fotoarchiv, Munique.
29. A. F. Kersting, Londres.
30. Reproduzido com autorização de A. Zwemmer Ltd., Londres, do livro de Kerry Downes, *Hawksmoor*, 1959.
31. De Nikolaus Pevsner, *An Outline of European Architecture*, Penguin Books Inc., Baltimore, 1960.
32. Soprintendenza ai Monumenti, Turim. Foto: Nevi Benito.
33. Reproduzido com autorização de Arnoldo Mondadori Editore, Milão, do livro de Giulio Carlo Argan (ed.), *Borromini*, 1952.
34. Reproduzido com autorização de Penguin Books Ltd., Harmondsworth-Middlesex, do livro de John Summerson, *Architecture in Britain, 1530-1830*, Baltimore, 1958.
35. © Curadores do Sir John Soane's Museum.
36. © Curadores do Sir John Soane's Museum.
37. A. F. Kersting, Londres.
38. © Warburg Institute. Foto: Helmut Gernsheim.
39. © Warburg Institute. Foto: Helmut Gernsheim.
40. ©. A.C.L., Bruxelas.
41. Cortesia da Philadelphia Saving Fund Society.
42. Reproduzido com autorização de Herold Druck-und Verlagsgesellschaft M.B.H., Viena, do livro de Hans Sedlmayr, *Johann Bernhard Fischer von Erlach*, 1956.
43. Cortesia de Leo Castelli Gallery.

44. Tatsuzo Sato, Tóquio.
45. Alinari-Anderson.
46. Reproduzido com autorização da Penguin Books Ltd., Harmondsworth-Middlesex, do livro de Anthony Blunt, *Art and Architecture in France, 1500-1700*, Baltimore, 1957.
47. Marshall Meyers.
48. De *Andrea Palladio*, Der Zirkel, Architektur-Verlag G.m.b.H, Berlim, 1920.
49. The Metropolitan Museum of Art, Dick Fund, 1936.
50. MAS, Barcelona.
51. Bildarchiv Foto Marburg, Marburg/Lahn.
52. Cortesia do Courtauld Institute of Art.
53. Alinari.
54. De James S. Ackerman, *The Architecture of Michelangelo*, A. Zwemmer Ltd., Londres, 1961.
55. Reproduzido com autorização de Electa Editrice, Milão, do livro de Maria Venturi Perotti, *Borromini*, 1951.
56. Reproduzido com autorização de Country Life Ltd., Londres, do livro de Laurence Weaver, *Houses and Gardens by Sir Edwin Lutyens*. Nova York, 1925. © Country Life.
57. © Country Life.
58. De Yvan Christ, *Projets et Divagations de Claude-Nicolas Ledoux, Architecte du Roi*, Éditions du Minotaure, Paris, 1961. Foto: Bibliothèque Nationale.
59. A. F. Kersting. Londres.
60. Alinari.
61. Foto Locchi, Florença.
62. Reproduzido com autorização de Roberto Pane de seu livro, *Ville Vesuviane del Settecento*, Edizioni Scientifiche Italiane, Nápoles, 1959.
63. Reproduzido com autorização de Roberto Pane de seu livro, *Ville Vesuviane del Settecento*, Edizioni Scientifiche Italiane, Nápoles, 1959.
64. De *Architectural Forum*, setembro de 1962.
65. Reproduzido com autorização de Verlag Gerd Hatje, Stuttgart-Bad Cannstatt, do livro de Le Corbusier, *Creation is a Patient Search*, Frederick A. Praeger, Inc., Nova York, 1960.
66. Alinari.
67. Reproduzido com autorização de Carlo Bestetti-Edizioni d'Arte, Roma, do livro de Giuseppe Mazzotti, *Venetian Villas*, 1957.
68. Jean Roubier, Paris.

69. Cortesia de Louis I. Kahn.
70. © Country Life.
71. Cortesia da Mt. Vernon Ladies' Association.
72. William H. Short.
73. Reproduzido com autorização de The Macmillan Company, Nova York, do livro de Elizabeth Stevenson, *Henry Adams*. © 1955 Elizabeth Stevenson.
74. © Ezra Stoller Associates.
75. Robert Damora.
76. Cortesia de Alvar Aalto.
77. Reproduzido com autorização das Éditions Girsberger, Zurique, de *Le Corbusier, Oeuvre complète 1946-1952*, 1955 © 1953.
78. Reproduzido com autorização de George Wittenborn, Inc., Nova York, do livro de Karl Fleig (ed.), *Alvar Aalto*, 1963.
79. Cortesia de Louis I. Kahn.
80. The Museum of Modern Art.
81. Hedrich-Blessing.
82. The Museum of Modern Art.
83. The Museum of Modern Art.
84. The Museum of Modern Art.
85. © Ezra Stoller Associates.
86. Charles Brickbauer.
87. Cortesia de Peter Blake.
88. Cortesia de Peter Blake.
89. Cortesia de Peter Blake.
90. © Lucien Hervé, Paris.
91. James L. Dillon & Co., Inc., Filadélfia.
92. Touring Club Italiano, Milão.
93. A. F. Kersting, Londres.
94. Reproduzido com autorização de Giulio Einaudi Editore, Turim, do livro de Paolo Portoghesi e Bruno Zevi (eds.), *Michelangiolo Architetto*, 1964.
95. Reproduzido com autorização de Giulio Einaudi Editore, Turim, do livro de Paolo Portoghesi e Bruno Zevi (eds.), *Michelangiolo Architetto*, 1964.
96. University News Service, Universidade de Virgínia.
97. MAS, Barcelona.
98. Touring Club Italiano, Milão.
99. De Colen Campbell, *Vitruvius Britannicus*, vol. II, Londres, 1717.
100. Coleção: Sr. e Sra. Burton Tremaine, Meriden, Conn.
101. Reproduzido com autorização da Penguin Books Ltd., Harmonds-

worth-Middlesex, do livro de Kenneth John Conant, *Carolingian and Romanesque Architecture, 800-1200*, Baltimore, 1959.

102. De George William Sheldon, *Artistic Country-Seats; Types of Recent American Villa and Cottage Architecture, with Instances of Country Clubhouses*, D. Appleton & Co., Nova York, 1886.
103. Foto por Georgina Masson, autora de *Italian Villas and Palaces*, Thames and Hudson, Londres, 1959.
104. Foto por John Szarkowski, autor de *The Idea of Louis Sullivan*, The University of Minnesota Press, Minneapolis. © 1956 The University of Minnesota.
105. Pix Inc.
106. Archivo Fotográfico, Monumenti Musei e Gallerie Pontificie, Cidade do Vaticano.
107. Reproduzido com autorização de *Progressive Architecture*, abril de 1961.
108. Foto por Martin Hürlimann, autor de *Englische Kathedralen*, Atlantis Verlag, Zurique, 1956.
109. Cortesia da Casa de Portugal. Foto: SNI-YAN.
110. Alinari.
111. Reproduzido com autorização de Giulio Einaudi Editore, Turim, do livro de Paolo Portoghesi e Bruno Zevi (eds.), *Michelangiolo Architetto*, 1964.
112. Chicago Architectural Photo Co.
113. Reproduzido com autorização de Country Life Ltd., Londres, do livro de A. S. G. Butler, *The Architecture of Sir Edwin Lutyens*, vol. III, Nova York, 1950. © Country Life.
114. Reproduzido com autorização de *Architectural Design*, dezembro de 1962.
115. Foto por Martin Hürlimann, autor de *Italien*, Atlantis Verlag, Zurique, 1959.
116. Bildarchiv Foto Marburg, Marburg/Lahn.
117. Jean Roubier, Paris.
118. Bildarchiv Foto Marburg, Marburg/Lahn.
119. MAS, Barcelona.
120. MAS, Barcelona.
121. Robert Venturi.
122. De Colin Campbell, *Vitruvius Britannicus*, vol. III, Londres, 1725.
123. Jean Roubier, Paris.
124. Gebrüder Metz, Tübingen.
125. © Curadores de Sir John Soane's Museum.
126. Alinari.

127. Cunard Line.
128. Alinari.
129. Reproduzido com autorização de Giulio Einaudi Editore, Turim, do livro de Paolo Portoghesi e Bruno Zevi (eds.), *Michelangiolo Architetto*, 1964.
130. Foto por Martin Hürlimann, autor de *Italien*, Atlantis Verlag, Zurique, 1959.
131. Cortesia de Anton Schroll & Co., Viena, editor de Heinrich Decker, *Romanesque Art in Italy*, 1958.
132. Reproduzido com autorização de Verlag Gebr. Mann, Berlim, do livro de H. Knackfuss, *Didyma*, parte I, vol. III, 1940.
133. Reproduzido com autorização de Country Life Ltd., Londres, do livro de A.S.G. Butler, *The Architecture of Sir Edwin Lutyens*, vol. I, 1935. © Country Life.
134. The Museum of Modern Art.
135. MAS, Barcelona.
136. California Division of Highways.
137. Alinari.
138. Reproduzido com autorização de Harry N. Abrams, Inc., Nova York, do livro de Henry A. Millon e Alfred Frazer, *Key Monuments of the History of Architecture*, 1964.
139. Reproduzido com autorização de Henry-Russel Hitchcock de seu livro *In the Nature of Materials*, Duell, Sloan & Pearce, Nova York, 1942.
140. Archives Nationales, Paris.
141. Archives Nationales, Paris.
142. Touring Club Italiano, Milão.
143. © Curadores de Sir John Soane's Museum.
144. Reproduzido com autorização da Architectural Book Publishing Co., Inc., Nova York, do livro de W. Hegemann e E. Peets, *The American Vitruvius*. © 1922 Paul Wenzel e Maurice Krakow.
145. Reproduzido com autorização da Architectural Book Publishing Co., Inc., Nova York, do livro de W. Hegemann e E. Peets, *The American Vitruvius*. © 1922, Paul Wenzel e Maurice Krakow.
146. J. B. Piranesi, *Vedute di Roma*, vol. 13. New York Public Library Art Room.
147. Reproduzido com autorização da Yale University Press, New Haven, do livro de Vincent Scully, *The Shingle Style*, 1955.
148. Reproduzido com autorização da Architectural Book Publishing Co., Inc., Nova York, do livro de Katharine Hooker e Myron Hunt, *Farmhouses and Small Provincial Buildings in Southern Italy*, 1925.

149. A. F. Kersting, Londres.
150. Alinari.
151. The Museum of Modern Art.
152. Theo Frey, Weiningen.
153. Reproduzido com autorização de George Wittenborn, Inc., Nova York, do livro de Karl Fleig (ed.), *Alvar Aalto*, 1963.
154. Reproduzido com autorização de Country Life Ltd., Londres, do livro de H. Avray Tipping e Christopher Hussey, *English Homes, Period IV – Vol. II, The Work of Sir John Vanbrugh and His School, 1699-1736*, 1928. © Country Life.
155. Reproduzido com autorização de Propyläen Verlag, Berlim, do livro de Gustav Pauli, *Die Kunst des Klassizismus und der Romantik*, 1925.
156. Alinari.
157. Abraham Guillén, Lima.
158. Archives Photographiques, Caisse Nationale des Monuments Historiques, Paris.
159. Robert Venturi.
160. Bildarchiv Foto Marburg, Marburg/Lahn.
161. © Country Life.
162. Robert Venturi.
163. De Russell Sturgis, *A History of Architecture*, vol. I, The Baker & Taylor Company, Nova York, 1906.
164. Reproduzido com autorização de Propyläen Verlag, Berlim, do livro de Heinrich Schafer e Walter Andrae, *Die Kunst des Alten Orients*, 1925.
165. Reproduzido com autorização da Penguin Books Ltd., Harmondsworth-Middlesex, do livro de Rudolf Wittkower, *Art and Architecture in Italy, 1600-1750*, Baltimore, 1958.
166. Pierre Devinoy, Paris.
167. Staatlichen Graphischen Sammlung, Munique.
168. Hirmer Verlag, Munique.
169. Reproduzido com autorização de *L'Architettura*, junho de 1964.
170. Alinari.
171. © Curadores de Sir John Soane's Museum.
172. Robert Venturi.
173. Robert Venturi.
174. The Museum of Modern Art.
175. © Ezra Stoller Associates.
176. Ernest Nash, Fototeca Unione, Roma.
177. Reproduzido com autorização da Penguin Books Ltd., Harmonds-

worth-Middlesex, do livro de Nikolaus Pevsner, *An Outline of European Architecture*, Baltimore, 1960.

178. Reproduzido com autorização da Penguin Books Ltd., Harmondsworth-Middlesex, do livro de Nikolaus Pevsner, *An Outline of European Architecture*, Baltimore, 1960.
179. Friedrich Hewicker, Kaltenkirchen.
180. Cortesia da Prestel Verlag, Munique. Foto: Erich Müller.
181. Reproduzido com autorização de Giulio Einaudi Editore, Turim, do livro de Paolo Portoghesi e Bruno Zevi (eds.), *Michelangiolo Architetto*, 1964.
182. Reproduzido com autorização de Giulio Einaudi Editore, Turim, do livro de Paolo Portoghesi e Bruno Zevi (eds.), *Michelangiolo Architetto*, 1964.
183. Alinari-Anderson.
184. Reproduzido com autorização da Penguin Books Ltd., Harmondsworth-Middlesex, do livro de G. H. Hamilton, *The Art and Architecture of Russia*, Baltimore, 1954.
185. Reproduzido com autorização da Penguin Books Ltd., Harmondsworth-Middlesex, do livro de George Kubler e Martin Soria, *Art and Architecture in Spain and Portugal and Their American Dominions, 1500-1800*. Baltimore, 1959.
186. Reproduzido com autorização do Touring Club Italiano, Milão, do livro de L. V. Bertanelli (ed.), Guida d'Italia Lazio, 1935.
187. Reproduzido com autorização de Alec Tiranti Ltd., Londres, do livro de J. C. Shepherd e G. A. Jellicoe, *Italian Gardens of the Renaissance*, 1953.
188. Cortesia de Louis I. Kahn.
189. Alinari.
190. Reproduzido com autorização de Rudolf Wittkower, de seu livro *Art and Architecture in Italy, 1600-1750*, Penguin Books, Inc., Baltimore, 1958.
191. Riccardo Moncalvo, Turim.
192. Heikki Havas, Helsinque.
193. Reproduzido com autorização de Arkady, Varsóvia, do livro de Maria e Kazimierz Piechotka, *Wooden Synagogues*, 1959.
194. Reproduzido com autorização de George Wittenborn, Inc., Nova York, do livro de Karl Fleig (ed.), *Alvar Aalto*, 1963.
195. G. Kleine-Tebbe, Bremen.
196. De *Architectural Forum*, fevereiro de 1950.
197. De *Architectural Forum*, fevereiro de 1950.
198. Reproduzido com autorização de The University of North Carolina

Press, Chapel Hill, do livro de Thomas Tileston Waterman, *The Mansions of Virginia, 1706-1776*, 1946. © 1945.
199. Robert Venturi.
200. Reproduzido com autorização de Herold Druck- und Verlagsgesellschaft M.B.H., Viena, do livro de Hans Sedlmayr, *Johann Bernhard Fischer von Erlach*, 1956.
201. Alinari.
202. De *Casabella*, nº 217, 1957.
203. Reproduzido com autorização de Alec Tiranti Ltd., Londres, do livro de J. C. Shepherd e G. A. Jellicoe, *Italian Gardens of the Renaissance*, 1953.
204. Touring Club Italiano, Milão.
205. The Museum of Modern Art.
206. Reproduzido com autorização da Penguin Books Ltd., Harmondsworth-Middlesex, do livro de Nikolaus Pevsner, *An Outline of European Architecture*, Baltimore, 1960.
207. Soprintendenza alle Gallerie, Florença.
208. Istituto Centrale del Restauro, Roma.
209. Coleção: The Whitney Museum of American Art.
210. Cortesia da André Emmerich Gallery.
211. Foto por John Szarkowski, autor de *The Idea of Louis Sullivan*, The University of Minnesota Press, Minneapolis. © 1956 The University of Minnesota.
212. Soprintendenza alle Gallerie, Florença.
213. Hirmer Fotoarchiv, Munique.
214. Hirmer Fotoarchiv, Munique.
215. De Colen Campbell, *Vitruvius Britannicus*, vol. I, Londres, 1715.
216. De John Woolfe e James Gandon, *Vitruvius Britannicus*, vol. V, Londres, 1771.
217. Cortesia do City Museum and Art Gallery, Birmingham.
218. Robert Venturi.
219. Robert Venturi.
220. Robert Venturi.
221. Robert Venturi.
222. Reproduzido com autorização de Electa Editrice, Milão, de *Palladio*, 1951.
223. H. Roger-Viollet, Paris.
224. Slide Collection, University of Pennsylvania.
225. De I. T. Frary, *Thomas Jefferson, Architect and Builder*, Garrett and Massie, Inc., Richmond, 1939.
226. Robert Venturi.

227. De Colen Campbell, *Vitruvius Britannicus*, vols. I e III, Londres, 1715 e 1725.
228. Reproduzido com autorização da Penguin Books Ltd., Harmondsworth-Middlesex, do livro de Nikolaus Pevsner, *An Outline of European Architecture*, Baltimore, 1960.
229. Bildarchiv Foto Marburg, Marburg/Lahn.
230. De Leonardo Benevolo, "Le Chiese Barocche Valsesiane", *Quaderni dell'Istituto di Storia dell'Architettura*, nºs 22-24, Roma, 1957.
231. © Country Life.
232. The Museum of Modern Art.
233. Sheila Hicks.
234. Reproduzido com autorização de Connaissance des Arts, Paris, do livro de Stephanie Faniel, *French Art of the 18th Century*, 1957.
235. Chicago Architectural Photo Co.
236. Bayerische Verwaltung der staatlichen Schlösser, Gärten und Seen, Munique.
237. Cortesia de Anton Schroll & Co., Viena, de Heinrich Decker, *Romanesque Art in Italy*, 1958.
238. © National Building Record, Londres.
239. Robert Venturi.
240. Reproduzido com autorização de A. Zwemmer Ltd., Londres, do livro de Kerry Downes, *Hawksmoor*, 1959.
241. Reproduzido com autorização de Roberto Pane, de seu livro *Ferdinando Fuga*, Edizioni Scientifiche Italiane, Nápoles, 1961.
242. Italian State Tourist Office.
243. Reproduzido com autorização da Penguin Books Ltd., Harmondsworth-Middlesex, do livro de Anthony Blunt, *Art and Architecture in France, 1500-1700*, Baltimore, 1957.
244. Reproduzido com autorização da Architectural Book Publishing Co., Inc., Nova York, do livro de Katharine Hooker e Myron Hunt, *Farmhouses and Small Provincial Buildings in Southern Italy*, 1925.
245. Wayne Andrews.
246. De "Bagnaia", *Quaderni dell'Istituto di Storia dell'Architettura*, nº 17, Roma, 1956.
247. Alinari.
248. Reproduzido com autorização de *Architectural Design*, dezembro de 1962.
249. Reproduzido com autorização da Architectural Book Publishing Co., Inc., Nova York, do livro de Katharine Hooker e Myron Hunt, *Farmhouses and Small Provincial Buildings in Southern Italy*, 1925.
250. Do Archivo Amigos de Gaudí, Barcelona. Foto: Aleu.

251. Reproduzido com autorização de George Wittenborn, Inc., Nova York, do livro de Karl Fleig (ed.), *Alvar Aalto*, 1963.
252. George Cserna.
253. Wallace Litwin.
254. Escritório de Venturi e Rauch.
255. Escritório de Venturi e Rauch.
256. Escritório de Venturi e Rauch.
257. Escritório de Venturi e Rauch.
258. Escritório de Venturi e Rauch.
259. Escritório de Venturi e Rauch.
260. Leni Iselin.
261. Leni Iselin.
262. Leni Iselin.
263. Leni Iselin.
264. Edmund B. Gilchrist.
265. Escritório de Venturi e Rauch.
266. Escritório de Venturi e Rauch.
267. Escritório de Venturi e Rauch.
268. Escritório de Venturi e Rauch.
269. Escritório de Venturi e Rauch.
270. George Pohl.
271. George Pohl.
272. Escritório de Venturi e Rauch.
273. George Pohl.
274. George Pohl.
275. George Pohl.
276. George Pohl.
277. Rollin R. La France.
278. Escritório de Venturi e Rauch.
279. Escritório de Venturi e Rauch.
280. Escritório de Venturi e Rauch.
281. Escritório de Venturi e Rauch.
282. Escritório de Venturi e Rauch.
283. Escritório de Venturi e Rauch.
284. Escritório de Venturi e Rauch.
285. Lawrence S. Williams, Inc.
286. Lawrence S. Williams, Inc.
287. Lawrence S. Williams, Inc.
288. George Pohl.
289. Escritório de Venturi e Rauch.
290. Escritório de Venturi e Rauch.

291. Escritório de Venturi e Rauch.
292. George Pohl.
293. Escritório de Venturi e Rauch.
294. George Pohl.
295. Escritório de Venturi e Rauch.
296. Escritório de Venturi e Rauch.
297. Escritório de Venturi e Rauch.
298. Escritório de Venturi e Rauch.
299. Escritório de Venturi e Rauch.
300. Escritório de Venturi e Rauch.
301. William Watkins.
302. William Watkins.
303. William Watkins.
304. William Watkins.
305. Escritório de Venturi e Rauch.
306. Escritório de Venturi e Rauch.
307. Escritório de Venturi e Rauch.
308. Rollin R. La France.
309. George Pohl.
310. Rollin R. La France.
311. George Pohl.
312. George Pohl.
313. Rollin R. La France.
314. Rollin R. La France.
315. Rollin R. La France.
316. Rollin R. La France.
317. Escritório de Venturi e Rauch.
318. Escritório de Venturi e Rauch.
319. Escritório de Venturi e Rauch.
320. Rollin R. La France.
321. Rollin R. La France.
322. Rollin R. La France.
323. Escritório de Venturi e Rauch.
324. Escritório de Venturi e Rauch.
325. Escritório de Venturi e Rauch.
326. Escritório de Venturi e Rauch.
327. Escritório de Venturi e Rauch.
328. Escritório de Venturi e Rauch.
329. Escritório de Venturi e Rauch.
330. George Pohl.
331. George Pohl.

332. Escritório de Venturi e Rauch.
333. Escritório de Venturi e Rauch.
334. Escritório de Venturi e Rauch.
335. Escritório de Venturi e Rauch.
336. Escritório de Venturi e Rauch.
337. Escritório de Venturi e Rauch.
338. Escritório de Venturi e Rauch.
339. George Pohl.
340. George Pohl.
341. George Pohl.
342. Escritório de Venturi e Rauch.
343. Escritório de Venturi e Rauch.
344. Escritório de Venturi e Rauch.
345. Escritório de Venturi e Rauch.
346. George Pohl.
347. George Pohl.
348. Escritório de Venturi e Rauch.
349. Escritório de Venturi e Rauch.
350. Escritório de Venturi e Rauch.